A inocência de pensar

Copyright do texto © 2009 Floriano Martins
Copyright da edição © 2009 Escrituras Editora

Todos os direitos desta edição foram cedidos à
Escrituras Editora e Distribuidora de Livros Ltda.
Rua Maestro Callia, 123 – Vila Mariana – 04012-100
São Paulo, SP – Tel.: (11) 5904-4499 / Fax: (11) 5904-4495
escrituras@escrituras.com.br
www.escrituras.com.br

Editor
Raimundo Gadelha

Coordenação Editorial
Mariana Cardoso

Revisão
Ravi Macario
Renata Assumpção

Capa e Editoração Eletrônica
Vaner Alaimo

Conselho Editorial
Denice Barbara Catani
José Galizia Tundisi
Marco Antonio Moreira
Nílson José Machado
Paulo Figueiredo
Roberto Nardi

Ilustração da Capa
Aline Daka. *A febre*. Pastel
oleoso sobre papel, 2008

Impressão
Gráfica Edições Loyola

Dados Internacionais de Catalogação na Publicação (CIP)
(Câmara Brasileira do Livro, SP, Brasil)

Martins, Floriano
  A inocência de pensar / Floriano Martins. –
São Paulo : Escrituras Editora, 2009. –
(Coleção ensaios transversais)

ISBN 978-85-7531-322-0

1. Crítica literária 2. Ensaios brasileiros
I. Título. II. Série.

09-04251   CDD-869.94

Índices para catálogo sistemático:
1. Ensaios : Literatura brasileira 869.94

Impresso no Brasil
Printed in Brazil

Obra em conformidade com o Acordo
Ortográfico da Língua Portuguesa

COLEÇÃO
Ensaios Transversais

A inocência de pensar

Floriano Martins

escrituras
São Paulo, 2009

*Enquanto aí o frio entrou forte, de gelo e neve,
cá atravessamos repetidas fases de um calor terrível entre chuvas,
desses que até dificultam na gente a inocência de pensar.*

João Guimarães Rosa
(Carta destinada a Curt Meyer-Clason, Rio de Janeiro,
12/12/1963)

Sumário

Prefácio: A inocência de Floriano Martins.
   Inocência? [Jacob Klintowitz].................................9
1. Abstracionismos: em torno da poética de
   Antonio Bandeira 13
2. Carlos Drummond de Andrade 59
3. Criaturas do fogo: Max Ernst, Amedeo
   Modigliani e Hans Arp.....................................107
4. Caminhando com o espírito de
   Ghérasim Luca 121
5. Um outro não menos Cabral 133
6. A poesia de José Santiago Naud 139
7. Marcel Schwob: os segredos
   da imaginação..149
8. Eliane Robert Moraes: o marquês de
   Sade e a loucura da imortalidade 155
9. Michel Roure absolutamente
   clandestino 167
10. Milton Dias: memórias de um
    passeante 189
11. Uma ilha chamada Pablo Neruda 195
12. Um encontro com Per Johns............................203
13. Robert Graves: uma experiência
    fantástica 213
14. Sânzio de Azevedo: simbolismos e outras
    esferas..227
15. Vestígios da memória: Marco Lucchesi, Georges
    Duby e José Maurício Gomes de Almeida.........247
Sobre o Autor 265

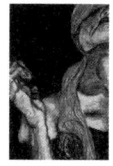

Prefácio

A inocência de Floriano Martins. Inocência?

De alguma maneira, para certas pessoas, pensar é uma atividade natural. Certamente não para muitas pessoas. Em Floriano Martins esta atividade rara não só é natural, como nos lembra a natureza. Estamos no terreno da estranheza. É possível que pensar faça parte da natureza, e, se assim for, é a natureza capaz de refletir sobre a própria natureza. Um espelho dotado de vontade própria. Entretanto, não é desta maneira que associo Floriano Martins à natureza, eu o faço por seu movimento incessante, contínuo e sem pausa. Uma destas surpreendentes e imensas quedas d'água brasileiras. Floriano Martins descreve o seu tema inicialmente de maneira suave e o vai ampliando quase sem nos avisar, para transformá-lo, de repente, num feroz caudal de referências, marcos históricos, signos locais e significações universais.

O escritor não perde jamais a perspectiva de que o seu tema é, no fundamental, o ato humano da criação e a reação dos homens quando situados na circunstância e diante do essencial, com a grandeza ou a fraqueza que ela propicia emergir. Neste sentido, o do foco, é admirável o quanto um autor tão armado de referências e de forte posicionamento cultural, consegue manter-se cordial. Uma ou outra seta irônica, uma mordacidade aqui ou acolá, e é suficiente para saciar a sua fome de justiça.

O interesse de Floriano Martins concentra-se nos escritores, nos poetas, nos artistas plásticos, nos líderes culturais, no movimento social da cultura, nas perspectivas e tendências da consciência nos séculos XX e XXI, na integração possível entre os vários países da América, no frágil intercâmbio entre os idiomas espanhol e português, na interpenetração entre a cultura erudita e a popular, na política exterior dos países e a sua relação com a valorização das manifestações artísticas. Podemos dizer que nós, leitores, por nossa vez, terminamos por nos interessar, além da especificidade de cada texto, por esta figura autoral carismática e renascentista.

Às vezes cabe a dúvida se Floriano Martins age como um humanista renascentista em seu longo discurso em busca da razão, ou se, oculto no seu equilíbrio formal, não existirá um missionário que se auto-elegeu para a desesperada tarefa de civilizar a humanidade. Não discordarei dos que acreditam que as duas atitudes sejam, na verdade, uma só, dois aspectos da mesma postura do homem especialmente dotado que fala sem cessar, para não se calar em definitivo.

O "método florianesco" de análise obedece a um ritual bem estabelecido, e isto vale para os ensaios ritmados, as entrevistas inquietantes e as impacientes breves anotações. Floriano Martins descreve com minúcias o seu assunto, numa delicada atenção ao leitor. Cerca o seu tema de opiniões variadas de ilustres figuras, fazendo questão de colocar as citações num contexto esclarecedor balizados pela análise estilística e o factual histórico e, finalmente, tendo introduzido aqui e ali iluminações sobre a obra estudada, já nos apresentando a sua verdade, fecha o texto num ápice no qual cabe apenas um foco de luz e um só objeto iluminado. Este é o percurso habitual de seu inocente pensar e nele, reconheçamos, cabe o sentimento do mundo.

Esta citação de Drummond, um dos objetos de sua acurada atenção, não é por acaso, pois em Floriano Martins perpassa o mistério da amorosidade. Eis aí um escritor que gosta de escritores e um poeta – a parte essencial de sua vida de artista – que se comove com a poesia alheia. É o que ele busca nos seus heróis, e é o que ele encontra. A sua análise é respeitosa, já que ele concentra-se na linguagem e na criação. E é esclarecedora, pois é ampla na narração do percurso do artista e na pesquisa sobre o artista. Tenho para mim que Floriano Martins estabelece a sua análise crítica, pois sempre se trata disto, de uma maneira inovadora porque, ao invés da sentença, ele prefere o retrato do artista. Num texto pleno de meios tons, áreas iluminadas, áreas em sombras coloridas, o autor cria retratos. Um pouco à maneira dos mestres, especialmente Velázquez. Um ensaísta transgressor. Os títulos dos ensaios, aliás, apontam para retratos: "…em torno da poética de Antonio Bandeira", "Criaturas do fogo…", "Um outro não menos Cabral", "Uma ilha chamada Pablo Neruda", "Michel Roure: absolutamente clandestino", "…o espírito de Ghérasim Luca".

Certamente estes ensaios transgressores, o são na originalidade, estão acrescidos pelo decidido ponto de partida de Floriano Martins: ele é a favor da linguagem, da criatividade e da invenção. Nos seus textos não há dúvidas sobre a validade da cultura, sobre a necessidade da poesia num planeta em guerras permanentes ou sobre a legitimidade da cultura ocidental, para ele, no seu ponto extremo, uma cultura de mestiçagem. Para Floriano Martins, poeta, escritor, tradutor, músico, artista plástico, o único lugar habitável é a utopia.

Jacob Klintowitz

1

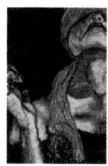

Abstracionismos: em torno da poética de Antonio Bandeira

A morte do artista brasileiro Antonio Bandeira, em 6 de outubro de 1967, trazia em si um impacto que jamais fora assimilado. O inesperado levou a uma comoção geral entre amigos, críticos, público e imprensa. Bandeira gozava de plena saúde estética e não se poderia esperar que uns pólipos nas pregas vocais pudessem matar alguém. O internamento na clínica Vitor Masse, em Paris, não chegou a concluir o motivo único: a cirurgia impedida por um choque anafilático, resultante da anestesia, que o acabaria matando.

Dentre os vários artistas que estiveram próximos a Bandeira, um deles, Floriano Teixeira, lamentou certa vez que seu nome tenha ficado na sombra: "Todos esperavam que, com sua morte, houvesse uma maior valorização da obra. Mas não houve". Apesar das inúmeras exposições que o homenagearam, o artista encontra-se hoje menos considerado – inclusive do ponto de vista crítico – do que inúmeras vedetes fortuitas, a exemplo de um Siron Franco ou de um Hélio Oiticica, sobretudo se levarmos em consideração uma dicotomia traçada por Frederico Morais, entre artistas que praticam "uma arqueologia da própria vida" e a "arqueologia da história da arte", característica esta última de que está repleto o indefectível mercado de arte contemporâneo.

A propósito, vale aqui considerar a observação crítica de Roberto Pontual inserida no catálogo de uma das retrospectivas da obra de Bandeira, no Museu de Arte Moderna do Rio de Janeiro em 1969:

> *Independentemente de valorizarmos ou não sua linguagem, há um fato concreto e de indisfarçável peso: ele foi não só pioneiro entre os nossos abstracionistas informais, mas praticamente o único que conseguiu impor, em níveis de amplo reconhecimento, sua pintura no estrangeiro, auxiliado talvez por prolongada presença e vivência em um dos núcleos da engrenagem artística internacional: Paris.*

É curioso anotar que não tenha ocorrido ao mesmo Itamaraty que lhe ajudou nos primeiros momentos, e que dois anos após sua morte promove uma exposição na Galeria Debret, em Paris, a ideia de reclamar a nacionalidade de Bandeira, inclusive cuidando da trasladação de seus restos mortais. Sepultado em Paris, em 1967, tão somente 19 anos depois é que a mesma ocorreu, ainda assim não para um mausoléu da família, e sim para um túmulo do artista plástico, em Fortaleza, ao lado de Chico da Silva, em cerimônia cuja singularidade – imperativo contar que a plaqueta no caixão apontava 1984 como o ano de morte, contrariando a realidade de um distante 1967 – só equivale ao périplo vivido por José Tarcísio em busca da viabilidade da trasladação. Rememorar Bandeira pode ser um estorvo quando se pensa em assuntos verticais que trariam uma vez mais à cena a condição precursora de sua obra. No entanto, os impedimentos dessa memória estiveram mais a cargo de preconceitos familiares, a despeito de classe e incompreensão geral acerca da real importância de um grande artista que um dia declarou:

> *Quero fazer um mundo novo, misturar o céu com a terra; dizer aos homens que eles são todos irmãos na batalha das raças, apontar a paisagem visionária das grandes massas urbanas; tirar uma pintura da natureza que já foi, que já se está elaborando, e que ainda vai prosseguir. Quero preparar o terreno para a minha humanidade que virá depois, a humanidade feia que hoje sofre, presenteando-a com uma paisagem digna, uma paisagem nova, uma árvore verde, um ser em germinação. Enfim, quero criar seres que não existem, misturar, falar ao homem em uma nova linguagem, ou não falar língua nenhuma; enviar uma mensagem aos contemplativos.*

A biografia de Antonio Bandeira estará sempre pontuada por essa peculiar dimensão de humanidade ("infância girou em torno de árvore, era um sólido flamboyant vermelho, preto e amarelo que um dia se tornaria em quadro, ou melhor, em sequência deles, em pintura, talvez"). Um inventário pessoal será sempre precário, se a ideia for meter-se nos guardados íntimos de uma vida. Bandeira manteve uma reserva rígida e digna no tocante à própria intimidade. Decerto compreendia que não havia muita distinção entre a abordagem tacanha e intrometida oriunda de assédios cearenses, cariocas ou franceses. Queria sobretudo preservar a condição estética de uma obra que era, em definitivo, renovadora, e que jamais perdeu a expressividade contemporânea, atual. Mesmo assim, redigiu laudas e laudas de uma autobiografia cujos originais se perderam com o tempo:

> *Minha infância correu livre, simples e boa. Não dormi em berço dourado. Tampouco nasci em estábulo, como o menino Jesus. Minha mãe, brincando às vezes, ou querendo me repreender, dizia que eu fora encontrado dentro de uma caixa de fósforos, e ela, de pena, havia me criado. Eu sabia que tudo era mentira, mas não ligava. Dizia também que eu nascera de sete meses, quando houve um eclipse. Daí ter saído mais escuro do que os meus irmãos. Hoje, agradeço ao eclipse por me ter dado uma mistura de lua e sol.*

Filho de Sabino Bandeira e Maria do Carmo, Antonio Bandeira nasceu em Fortaleza, aos 26 de maio de 1922. Um retrato de sua mãe o acompanhou a vida inteira, por onde andasse. A memória da fundição do pai também esteve presente, somada a um terceiro aspecto: a influência igualmente decisiva de d. Mundica, a primeira professora de desenho. Estes seriam os detalhes que se destacam na primeira fase da vida do artista, do eclipse a que se refere ao serviço militar, prestado em 1940.

Enquanto a cidade provincianamente era palco de um paisagismo pouco relevante, excetuando o caso de

Raimundo Cela, Bandeira crescia atento aos ensinamentos da professora Mundica, que o iniciava na arte da cópia de cartões postais, exercício fundamental até que um artista descubra um caminho próprio – também com ela aprenderia a lidar com técnicas de manuseamento de areia prateada. Aos poucos Bandeira começava a se aproximar de seus pares, em parte graças ao caráter aglutinador de Mário Baratta, que reunia em volta de si nomes como Aldemir Martins e Barboza Leite.

Despertando como artista, logo se envolve com toda uma paisagem cultural de Fortaleza, cuja relação possui uma mescla de admiração e visão crítica, ao menos de seu lado. Se todos viviam ali certa ingenuidade política e cultural, Bandeira já revelava quando menos uma ambição:

> *Procuro algo, embora não saiba bem o que seja. Mas continuo na caça. Por isso subo aos morros nos domingos ensolarados para pintar gente pobre, gente que traga na fisionomia traços de uma vida, boa ou má, não importa. Todo esse ambiente aparece como uma coisa sublime, santificada, posso dizer. É a minha humanidade feia, que sofre, que pede amparo. Todo esse povo cunhado com os sintomas da miséria, o proletário que tem mulher e filhos e casa com telhado arrebentado. Gente assim faz gosto se pintar. Ouve-se todas aquelas histórias de miséria e pinta-se porque não se pode fazer outra coisa.*

Bandeira era bastante consciente do abismo entre arte e motivo. O vínculo que se pode dar à sua obra com relação ao Surrealismo, que deve ser parcialmente considerado, ao mesmo tempo exige uma leitura mais ampla, cabendo aí inclusive preocupações formais que envolviam tendências construtivistas e suprematistas.

Dentre as relações de amizade de Bandeira, uma que lhe foi bastante valiosa refere-se a Milton Dias. Desde princípios dos anos 40 que se tentava uma aproximação entre França e Ceará – é curioso observar que a criação da Aliança Francesa em Fortaleza, em 1957, esteve a cargo de André Coyné, poeta e ensaísta francês profundamente vinculado ao Surrealismo. A vinda, em 1944, de um adido cultural francês (Raymond Warnier) propiciou encontro com o suíço Jean-Pierre Chabloz, mescla de pintor, músico e agitador cultural, que então vivia em Fortaleza, cuja resultante foi a indicação de que a arte de Bandeira merecia uma destacada atenção por parte da embaixada francesa no Brasil.

Segundo recorda Fran Martins, Chabloz foi "o primeiro pintor a armar um tripé em uma rua de Fortaleza e ficar pintando, cercado de curiosos que admiravam tanto a pintura que ia surgindo na tela como a figura do pintor". A importância que viria a ter no desdobramento da vida de Bandeira não foi um gesto em isolado, bastando lembrar a difusão que fez, em algumas publicações europeias, dos primórdios de Chico da Silva. A bem da verdade, Chabloz, como tantos outros nomes que vieram aportar naquela circunstância cultural em que vivia Fortaleza – de que são exemplo o carioca Mário Baratta, o mineiro Inimá de Paula e o maranhense Floriano Teixeira –, acabou tornando-se cúmplice ativo de uma época.

Um aspecto interessante diz respeito às inúmeras excursões que esse primeiro agrupamento de pintores realizava pelos arredores de Fortaleza, buscando as mais distintas perspectivas de modelos e referências visuais. Assim descreve Bandeira aquele momento:

> *Homens se deslocavam no domingo (perdão, Senhor, era domingo o dia de trabalho para nós, pois a semana era de outras ocupações), e para os morros e subúrbios de Fortaleza uma caravana partia, à moda Coubert, à moda de Van Gogh (não temos a pretensão dos mestres, mas jeito, gestos e instrumentos de trabalho eram os mesmos), e daquelas excursões nasciam figuras e paisagens, às vezes simples naturezas mortas de peixes ou frutas. Outras vezes, de noite, nos sótãos, se desenhava, uns posando para os outros, pintores representando Cristo ou Barrabás, prostitutas (não havia o chamado "modelo") ensaiando Madalenas ou Madonas. Éramos jovens meio bíblicos e anedóticos, havia vontade e pureza no ambiente. Queríamos aprender e fazer, queríamos uma irmandade que só a arte nos dava. E havia também um pouco de sã boemia. Eram jovens os pintores de Fortaleza.*

Com a ida de Bandeira para o Rio, no ano seguinte, juntamente com Inimá de Paula e Raimundo Feitosa, o mesmo Warnier apresentado em Fortaleza logo lhe acenaria com uma bolsa para estudar em Paris. A permanência carioca não excederia a marca de um ano, o que não impediu a empatia imediata de Bandeira com a cidade – a pequena república habitada por Aldemir Martins e Bandeira a aproximaria, de alguma maneira, da residência francesa em uma Cidade Universitária, onde ficaria "respirando Paris" no primeiro ano. Com eles também estava Chabloz, cujo conhecimento da cidade ajudou em muitas coisas. Logo Bandeira participaria de uma coletiva na Galeria Askanasy – ao lado de Chabloz, Martins, Inimá e Iberê Camargo, dentre outros.

Durante o período parisiense inicial, Bandeira circulava pelos cafés de Montparnasse, estudando na École Nationale des Beaux Arts e tomando cursos livres de desenho na Academie de la Grande Chaumière. A bolsa que recebia era, no entanto, insuficiente para que se mantivesse na Europa, havendo um complemento da parte do Itamaraty. Nas caminhadas pelo Quartier Latin, os olhos se sentiam imantados por uma mansarda que logo trataria de alugar.

Habitei, trabalhei, amei a mansarda. Nela aprendi um mundo de coisas. De sua janela ouvia o carinho francês. Eram as palavras sono, flor, mãe, comida, pronunciadas por matronas francesas, que me familiarizavam com a terra. A mansarda era mais inteligente que o Larousse. De seu telhado desfilava uma humanidade inteira: gente de toda espécie: tristes e alegres, vencidos e vencedores. Artistas decadentes que antes brilharam no Folies Bergere, condes que agora eram mendigos, cortesãs que se transformaram em distintas madames. Ali moravam amores, desejos e crimes. Basta dizer que ali era um dos bairros mais sórdidos do vieux Paris, o mais belo também. Várias vezes daquela sordidez nasceram flores.

Bandeira tinha a mansarda pela conta de inferno e paraíso, casa e ateliê. Intuíra que a grande entrada em Paris seria justamente aquela que permitira a mescla entre a sofisticação do convívio com artistas, museus, críticos e galerias e o entranhar-se na vida citadina mais despojada, sofrida e real. Quando se pensa que uma das definições clássicas do abstracionismo refere-se a uma corrente "que não representa a realidade exterior e prescinde de qualquer referência usual extraída da natureza", é impossível não ter em conta a recordação de Bandeira: "De dentro da mansarda eu só conseguia ver umas chaminés de Paris. Acho que é por isso que a minha pintura adquiriu um sentido vertical".

Octavio Paz, já em 1967, alertava que "o verdadeiro perigo de esterilidade da pintura abstrata reside em sua pretensão de ser uma linguagem sustentada em si mesma". O subjetivismo da pintura de Bandeira jamais se deixou fascinar por uma ausência de diálogo, um corte na função essencial da linguagem, seu comunicar-se. A mansarda estava intrinsecamente ligada aos cursos de desenho e pintura, e a toda essa aprendizagem se somava a vida, de maneira que o jogo de afirmação e negação da realidade ele o tinha mais na conta de uma fusão entre os contrários.

As andanças pelas duas cidades – aqui incluindo ainda a gris Paris diurna e a luminosa Paris noturna – familiarizaria Bandeira com incontáveis máscaras e facetas. Conheceu, então, o artista alemão Wols, cuja admiração recíproca foi instantânea, e aproximou-se eventualmente dos eflúvios do existencialismo de Jean-Paul Sartre, sobretudo por meio de Juliette le Greco. Logo participou de uma pequena coletiva, em uma livraria na Cidade Universitária, no mesmo ano de 1946. Passava, então, a existir como artista. Um primeiro momento de compreensão estética seria sintetizado por Herman Lima:

> *Paisagens de tão saborosa originalidade, de um toque tão direto e pessoal, outras com a solução de terríveis problemas de planos e cores, Bandeira guardando sempre aquele modo largo de estender as cores, aquele fundo sentido do desenho que vai muitas vezes à minúcia caligráfica, mas acima de tudo àquele entendimento de pintura renovada que faz dele inquietante fusão de um Van Gogh, de um Derain e de um Gauguin, mas sem pastiche porque intuitivo e inteiramente sua essa chispa de grandeza trágica dos três.*

O encontro com Wols, logo seguido da presença de Camille Bryen, resultaria na criação do grupo Banbryols, aventura considerada como "uma associação pioneira da abstração lírica europeia", leitura um tanto quanto exagerada, pois o grupo rigorosamente jamais realizou uma única exposição, e logo se desfaria em função do suicídio de Wols, em 1951, aos 38 anos de idade. O alemão Alfred Otto Wolfgang Schulze (dito Wols) vinha de uma experiência primeira como fotógrafo. O crítico Michel Seuphor considera exagerada a importância que é dada a esse artista, comentando que, em essência, seus desenhos e pinturas derivam "do Surrealismo e Paul Klee – mais iluminado que o primeiro, mais pesado que o segundo". Já no caso de Bryen, sendo o mais velho entre os três, acumula experiências junto ao Surrealismo e à Bauhaus, tendo ilustrado livros de Sartre, Artaud e Kafka. Havendo se iniciado como poeta, diria: "desenho para não mais escrever", o que se aproxima da consideração que lhe tinha Bandeira: "um poeta que um dia se pôs a fazer pintura".

Uma síntese do Banbryols seria dada pelo próprio Bandeira, em 1952, ainda comovido com a morte de Wols: "Com Wols e Bryen, o poeta-pintor, passei o melhor e mais fecundo período da minha estada na França. Possuíamos, os três, impressionante afinidade de temperamento, de preferências estéticas e intelectuais". O que buscavam? Ainda é Bandeira a desenhar um norte: "mostrar uma pintura um pouco informal, poética, e que deveria sair diretamente da vida, de nossa vida, da vida de todo mundo".

Um breve retorno ao Rio de Janeiro, em 1951, permitiu a Bandeira destacadas exposições em algumas capitais brasileiras, incluindo Fortaleza. Logo a II Bienal de São Paulo lhe agraciava com o Prêmio Fiat di Torino, pela criação do cartaz da mostra, somando uma vultosa quantia à passagem aérea que o levaria à Itália. Bandeira também expôs ali cinco telas, em uma Bienal de grande repercussão, por ter sido aquela em que se trouxe ao Brasil o famoso Guernica, de Picasso.

Posteriormente viria ao Brasil uma vez mais, em 1959. Uma exposição individual é o evento que marca a inauguração do Museu de Arte Moderna da Bahia. Bandeira havia sido convidado por Lina Bo Bardi, que então era a diretora executiva do museu. Durante todo esse momento de estadia no Brasil, Bandeira esteve sempre acompanhado de uma querida amiga, Eneida. Em carta a Zenon Barreto, de 1963, recordava a vinda à cidade natal e agradecia – "graças a vocês passei uma boa temporada" – sobretudo a Barreto e Antonio Girão Barroso a acolhida que lhe deram.

Um reconhecimento crescente de sua obra destacava sempre a personalidade de um artista alheio a escolas, um irreverente cujo estilo confunde por mesclar-se a correntes que eclodiam em sua época, ao mesmo tempo em que não evitava o diálogo com a tradição. Um de seus importantes críticos, Antonio Bento, considerou:

Bandeira produzia pintura viva, dentro da melhor vanguarda do momento, em Paris, em Nova Iorque ou no Rio de Janeiro. Por haver participado diretamente da produção do tachismo, tornou-se também autêntico criador, podendo assim, de fato, ser classificado aqui como o melhor pintor de sua geração. Mas passada a voga do tachismo, dez anos após seu aparecimento, Bandeira não procurou mudar imediatamente, ou mesmo nos últimos anos de sua vida, para ficar de acordo com as imposições da nova moda. Continuou fiel à sua tendência como ocorre com os verdadeiros mestres que não sacrificam aos interesses, às mudanças e flutuações do mercado artístico suas próprias convicções e a integridade de sua arte. Essa atitude coerente assumida pelo pintor pode ser comprovada pelo simples exame de alguns dos últimos quadros por ele produzidos em Paris.

Naturalmente que Bento direcionava suas palavras de encontro ao alvo móvel da falta de caráter do artista brasileiro, sempre exposto de forma aberrante aos ditames do mercado de arte. Quanto à fidelidade ao tachismo, talvez o mais correto seja dizer que Bandeira jamais se afastou de um princípio radical que lhe define a obra, o da mestiçagem, entendida como mescla de tensões culturais – Fortaleza, Rio de Janeiro, Paris – que extrapolam fronteiras. Mestiçagem que configura a obra de Picasso, Dalí ou Matta. Basta pensar que em uma de suas últimas telas – *Cidade azul*, de 1967 – encontra-se o mesmo traçado simbólico de *Porto de Capri*, guache de 1953. Melhor ainda, pela sutileza quase indecifrável, a íntima relação mantida entre os óleos *Soleil pour tous*, de 1966, e *Passagem do rio Jaguaribe*, de 1940. Impossível não considerar a grandeza mestiça de uma obra que busca fundir linguagens e sintomas culturais em um recorte em que o homem – a presença humana – torna-se confluência inquestionável. E não esquecer jamais a própria condição mestiça de Bandeira.

Era um notável artista observador da paisagem humana, geografia repleta de falsas crônicas e alegorias insondáveis. Percebeu o homem inserido em um mundo se desfazendo, perdendo cores, as cores que procurou recuperar, alertando, de alguma maneira, para uma vitalidade que ainda era possível tomar novo impulso. O paisagismo presente na quase totalidade de sua obra não raro deixa entrever a relação entre homem e natureza. Um mundo rude, feito apenas de experiência e desejo. O mundo humano.

***

Na primeira exposição em Paris, em 1949, na *Galerie des Deux Îles* – cuja abertura contou com a presença de Cândido Portinari, por quem Bandeira nutria especial admiração –, o livro de visitas reuniu diversos comentários acerca da loucura ou idiotice do artista. A este respeito Bandeira diria: "Paris foi sempre dura com a arte moderna". Naquele mesmo ano, o Salão de Abril recebeu um nu que o artista enviara de Paris. Um dilema que não podia ceder de todo ao preconceito, e menos arriscar-se a contrariar a amizade, com Bandeira levou o presidente da SCAP (Sociedade Cearense de Artes Plásticas) a aceitar a exposição do nu, desde que em lugar reservado. Decisão tornada pública pela imprensa, a tela foi o grande impacto da mostra.

Em 1952, vivendo precariamente no Rio de Janeiro, escreveria a Zenon Barreto dizendo que a cidade era "um labirinto horroroso, meu caro, e eu ando louco para fugir dela". No entanto, em 1963 já era outra a opinião: "O Rio está bonito e gostoso". Bandeira acabara de chegar de uma viagem à Argentina e se preparava para o retorno a Paris, esta sim, a grande cidade de adoção, de plena identificação. Havia um amor radical por Fortaleza, não resta dúvida, mas estava ciente de que "o último lugar a reconhecer um talento é o local de onde se é". Uma carta a João Condé, datada de 1966, entrelaça as três cidades: "bem instalado perto do Sena me sinto como se estivesse em Fortaleza. Não tenho o mar nem Copacabana, mas tenho o rio (sem trocadilho)".

Quando penso nessa comum relação entre as três cidades de Bandeira, um impulso me leva a uma analogia traçada por ele próprio entre o óleo, o desenho e o guache: "o oleo é uma conversação; o guache, um papo; e o desenho, quase um monossílabo – um exemplo", logo completando que "para ter um diálogo correto precisamos juntar os três". E poderíamos ainda recorrer às três fases que a crítica tem por hábito considerar em sua obra: construtivismo, figurativismo e abstracionismo. Mais ainda, seguindo a leitura de Vera Novis, no que respeita aos três temas recorrentes no artista: "as paisagens distantes, as cidades e as árvores". Essa fusão intencional de experiências, sonhos, identificações, distinguia Bandeira de seus pares, então talvez excessivamente preocupados em estabelecer vínculos com tendências, escolas ou grupos que lhes eram contemporâneos. Basta ter em conta as próprias palavras:

> *Não tenho nome para a minha pintura. Considero-a em realização, em constante elaboração, e não encontro classificação para o que eu faço. Em Paris, costumam chamar-me de abstrato, porém, quando eu vou começar um quadro, nunca penso nisso, nesse suposto abstracionismo meu.*

Bandeira mesclava as cidades de sua vivência como as técnicas de uma intensa experiência artística, confundindo escolas ao dar títulos figurativos a óleos abstratos. Novis chega a indagar: "que complexidade o torna expoente do informalismo sem deixar de ser construtivo?". O crítico

Antonio Bento observa a intensidade com "que se atira à aventura de reunir cidades fantasmagóricas ao lado de mutações cósmicas, como se o universo todo aparecesse em sua obra múltipla". Despreocupou-se tanto com um acidente classificatório que a condição precursora em relação ao tachismo ou ao abstracionismo lírico em muitos casos não foi considerada.

Ele próprio disse, em diálogo mantido com Milton Dias, em 1961:

Da rua Santa Isabel guardei o vigor de meus pais, gosto e cheiro das frutas da infância, a ciranda do areal. De Copacabana, onde vivo atualmente e que considero a capital do Brasil, sinto um mundo de praias, de cores e de liberdade. Saint-Germain é aquela aldeia que você conhece e que também é uma grande cidade. Sabe, o melhor do Quartier é que todo mundo se diz "bom dia". E acho que devia ser assim: todo mundo se cumprimentando.

Por mais que Krajcberg o tenha como "único no tachismo", por exemplo, é comum identificar o canadense Jean Paul Riopelle e o alemão Wols como os dois nomes mais representativos dessa tendência. Curioso observar é que Bandeira teve que suportar acusações de plágio em relação a Wols. Segundo Estrigas, Bandeira "nunca vira Wols pintar, nem este a ele. O que houve foi uma coincidência de expressão artística resultante de uma afinidade de ver, sentir, interpretar e dar forma a uma nova visão estética de arte, por parte dos dois".

Quanto a Riopelle, quando mudou-se, em 1948, para Paris, vinha da fundação de um grupo chamado

Automatisme, fortemente influenciado pelo Surrealismo, e a razão de identificação por parte da crítica com a abstração lírica então discutida baseava-se na grande liberdade formal e cromática de sua obra. Esse desenho culposo de referência, ou registro de exclusividade, no tocante à regência de domínio histórico, ou que outro nome venha a ter, independente do valor intrínseco, foi algo que jamais fez parte dos planos de Bandeira. Há um depoimento valioso de Estrigas que vale acrescentar ao presente argumento ou constatação:

> *Bandeira era um criador e um pesquisador em novas modalidades de material e/ou instrumentos de trabalho. Pintou sobre peneiras, mas não deu continuidade à experiência, nem há informações de haver exposto esses poucos frutos de sua busca nesse sentido. Pesquisou tintas como a tintura vegetal que os jangadeiros usavam em suas vestimentas e outras peças, para maior resistência à água do mar.*

Bandeira dizia que tinha que esperar Paris dormir para que ela existisse, o que a divergia radicalmente de Fortaleza. Captava luminosidade distinta nas duas cidades. Um cromatismo que em momento algum lhe dispersava a medida existencial, a dimensão humana:

> *Devemos purificar, sofrer, rasgar, acarinhar, transformar a matéria vegetal. Água ou óleo ou terebintina ou espátula ou pincel amolece, açoita, martiriza a superfície em criação. É quase roupa branca se amoldando à manufaturação do homem. O enxugamento, o quarador, a cor, o sol, o cérebro, a mão, e, enfim, o sentimento de uma mensagem transmitida.*

A respeito de uma defesa incontornável que fazia da vivência do artista, sem a qual o que cria se desfaz por inconsistência, a historiadora Regina Ilka Vieira Vasconcelos considera o "sentimento de desconforto com o estudo de temáticas estrangeiras em detrimento do aproveitamento dos assuntos mais próximos do pintor", avaliando que tal desconforto permite "entrever um desejo de busca da cidade vivida, a cidade real, da presença que pode também fascinar a ponto de tornar-se inspiradora", destacando-lhe a "atitude de enfrentamento da viveza da cidade".

Bandeira foi um notável andarilho, recolhendo, por onde passava, as inúmeras experiências do olhar e mesmo do convívio com a região, aportes estéticos que lhe dimensionam e distinguem a arte. As três cidades matrizes – tanto quanto os temas e técnicas preferidos –, no entanto, estão carregadas de sinais que são confluências e passagens para desdobramentos inúmeros – como em Londres, Salvador e, principalmente, Capri. Novos pontos de identificação que se enraízam e permitem uma visão de mundo mais dilatada. A própria Vieira Vasconcelos sintetiza essa condição:

O ponto de partida é a experiência flanante do pintor. A primeira mediação é a sensação da Segunda Guerra Mundial, da experiência nazista, da explosão da bomba atômica. A segunda, o desejo de liberdade e a vontade de viver sempre ressaltados. A pintura de cidades pode aparecer como transformação e transposição. Uma apropriação do espaço de vivência que na construção estética infringe, sem subterfúgios, seu próprio sentimento. Cidades conquistadas por uma geografia poética.

Era tão claro para ele esse sentido de uma "geografia poética", que sempre considerou a própria pintura como uma mediação entre espaço desejado e espaço vivido ou questionado. A Paris do burburinho noturno era tão assimilada como a Fortaleza ensolarada das jangadas e casebres de morro. Em um esboço de roteiro cinematográfico jamais realizado traçava uma intimidade entre as duas cidades. E em outro momento declarou: "Em Paris vivi a vida que vivi em todo lugar, nem mais nem menos intensa". Nem mais guache, nem mais óleo, nem mais desenho.

***

Três décadas se somam quando temos que comentar a atuação de Bandeira em sua terra natal. Em junho de 1941, surge o Centro Cultural de Belas Artes, primeiro registro cearense de uma entidade voltada exclusivamente para uma perspectiva de produção e discussão das artes plásticas. Dentre os envolvidos diretamente com o projeto estavam Mario Baratta e Raimundo Cela. Bandeira foi o redator da ata de fundação da casa, cujo programa de atividades incluía palestras, debates e sessões abertas de pintura, além da realização de exposições.

Uma particularidade do agrupamento desses artistas era o interesse por visitas a vários pontos da cidade, espécie de desbravamento de entorno que buscasse agregar imaginário e experiência real. Com três exposições realizadas – 1941/42/44 –, o grupo despertava interesse da intelectualidade local, igualmente ativa, graças à criação, em

1942, do grupo CLÃ – Clube de Literatura e Arte –, sigla um tanto infeliz pela relação sugerida entre clube social e produção artística, que remete a uma tradição oligárquica ainda hoje presente na cultura cearense.

Fortaleza vivia, então, o momento mais pleno de renovação artística e afirmação de uma entrada na modernidade. A soma de atividades envolvendo escritores e artistas plásticos ainda hoje resulta no ápice da história local, sobretudo se pensarmos no aspecto gregário que a mesma assumiu, radical impeditivo de desdobramentos e reconhecimentos ao longo dos anos.

No catálogo de sua individual realizada em 1963, no MAUC, o Museu de Arte da Universidade Federal do Ceará, Bandeira esboça uma recordação da época:

> *Antigamente, lá pelos idos de 1940, houve o Centro Cultural Cearense de Belas Artes, depois transformado em SCAP (Sociedade Cearense de Artes Plásticas), agrupando homens que se interessavam por tais artes em Fortaleza, profissionais e amadores, pintores de domingo e da semana, pintores de cavalete e pintores de placa. Houve naquela época realmente um cheiro de tinta, de aprender, de vasculhar a humanidade local – que é a humanidade universal.*

Elemento detonador de uma entrada na maturidade dessa jovem vida cultural foi a presença de Jean-Pierre Chabloz, que passara a residir em Fortaleza a partir de 1943. Uma feliz coincidência faz com que, nesta época, mude-se para a mesma cidade o mineiro Inimá de Paula, confluência cuja importância melhor observa o crítico José Roberto Teixeira Leite:

> *Inimá transfere-se para Fortaleza, ali logo se aproximando de um grupo de jovens artistas que, como Antonio Bandeira ou Aldemir Martins, um e outro nos seus primórdios, tentavam por meio da Sociedade Cearense de Artes Plásticas sacudir o acanhado ambiente cultural da cidade e propor novos rumos à pintura pela prática de um tímido modernismo, apreendido de ouvido ou intuitivamente assimilado pelas péssimas reproduções em preto e branco dos raros livros de arte a que tinham acesso.*

Teixeira Leite refere-se já à SCAP, criada em 1944, em substituição ao Centro Cultural então existente. Segunda Guerra Mundial e Getúlio Vargas eram confluências marcantes da época. Ao recordá-la, Aldemir Martins observa:

> *Fizemos uma exposição contra isso aqui em Fortaleza – eu, o Baratta e o Bandeira. Era um manifesto dizendo que os pincéis tinham a mesma força das baionetas. Mas deu em nada, foi inócua a exposição. A realidade da ditadura era outra... Nós pintamos arame farpado, fuzis, coisas da guerra mesmo: era o 1º Salão de Guerra da SCAP.*

Trata-se, na verdade, da primeira mostra produzida pela SCAP, intitulada "Pintura de Guerra", cuja promoção foi da Liga de Defesa Nacional. Da mostra, participaram os principais artistas vinculados à instituição. Aldemir possuía grande intuição acerca de uma mesmice cultural que não conseguiriam vencer caso insistissem na residência na cidade. A importância que teve a SCAP, por exemplo, tendia a ser fortuita, como foi, por mais que se lamente, a atuação do grupo CLÃ, ainda que se considere como a mais prolongada aventura editorial de uma revista brasileira vinculada a um grupo, imediatamente seguida de outra que lhe foi contemporânea, a carioca *Orfeu*. Aldemir advoga a favor da opção por sair de Fortaleza o fato de que, se ali ficasse, "seria um cachaceiro, muito talentoso, mas nada realizador", logo concluindo que "essa era a tendência da época da SCAP". Acrescente-se aí uma outra ambientação: o vínculo de parte da literatura cearense com os postulados da Geração de 45, ou seja, a imersão em um formalismo tão inócuo como a pretensa investida dos artistas contra a ditadura.

O diagnóstico de Aldemir tem um peso que aparenta excessivo. Contudo, se tomarmos por ponto crucial a falta de percepção do entorno, estará lamentavelmente correto. Um primeiro momento, de nascedouro de peculiaridades estéticas, acabou se deixando tomar pelo cansaço, a rotina, a acomodação ou mesmo a falta daqueles nomes principais que iam deixando Fortaleza em busca de um desdobramento natural de seu trabalho.

Os dois críticos mais argutos desse momento foram Mário Baratta e Barboza Leite. O primeiro questionou, ainda em 1945, o abismo criado entre a diretoria da SCAP e o grupo de artistas, contrapondo-se ao fechamento do ateliê, segundo ele a verdadeira alma da Sociedade. Quanto a Barboza Leite, que já em 1949 publicava *Esquema da pintura no Ceará*, era uma voz firme apontando a impropriedade de muitos aspectos da época. Este livro, que antecede a criação do Salão de Abril, por exemplo, expunha a relação inexistente entre arte e poder administrativo:

"em nossa capital não há, e nem o governo se interessa por conseguir, um salão próprio para exposições de arte".

Já nos anos 50, quando a Fortaleza retorna Bandeira após uma primeira temporada em Paris, conhece Floriano Teixeira, que participaria com ele da criação, ainda ao lado de remanescentes da SCAP que ali ficaram, do grupo dos Independentes, cujo manifesto se publicou, em dezembro de 1951, no então jornal *Unitário*. Diz Teixeira: "Não tínhamos ligações com escolas de pintura. Havia de acadêmicos a vanguardistas. A exigência era ser muito bom no que se fizesse". Vera Novis, por sua vez, menciona a criação do grupo dos Independentes como tendo sido a mais consequente "das agitações culturais promovidas por Bandeira para sacudir o marasmo que tomara conta das artes no Ceará".

A terceira década que relaciona diretamente Bandeira a Fortaleza possui um desdobramento ainda mais revelador de uma cultura que necessita rever a sujeição ao mesmo padrão de oligarquia já aqui apontado. A criação do MAUC é o principal acontecimento dos anos 60. A exposição de abertura do Museu, então dirigido por Floriano Teixeira, é dedicada a Antonio Bandeira, com grande repercussão na cidade, quando logo após se adquire a totalidade da mostra para o acervo da casa. Embora havendo alguns reclamantes que criticavam o inaceitável, que era a singular aquisição, o MAUC começava ali a montar um acervo essencial, contando com a credibilidade, por exemplo, de parentes de Jean-Pierre Chabloz, cujo acervo pessoal foi parcialmente doado à instituição.

Em entrevista concedida ao jornal *Gazeta* (26/07/61), o próprio Bandeira comenta a aquisição das obras: "meus 32 quadros estavam orçados em três milhões e duzentos mil cruzeiros. Vendi 28 quadros por dois milhões e doei os outros à Universidade". A transação era tanto legítima como valiosa. O Ceará teve ali um momento raro de perspectiva concreta de consolidação de uma cultura.

Poucos anos antes de morrer, Floriano Teixeira, no entanto, revela uma preocupação no tocante à conservação das obras de Bandeira: "Há menos de 10 anos fui a Fortaleza e vi os quadros de Bandeira no chão, lado a lado, apoiados na parede. Um absurdo". Em contrapartida, Max Perlingeiro, proprietário da galeria Multiarte, produziu duas valiosas retrospectivas individuais, respectivamente em 1987 e 1999, em Fortaleza, resultando, juntamente com a exposição de 1961, nos três momentos de reconhecimento máximo à importância da obra de Antonio Bandeira.

***

O abstracionismo, já nos primórdios, foi alvo de algumas leituras desiguais, uma espécie de zona conflitante de conceitos. O francês André Masson defendia que o termo abstrato pertencia ao âmbito das discussões metafísicas, chegando a declarar, em 1941: "Uma obra abstrata em pintura seria uma obra que não recordasse nem aos vegetais nem aos animais, nem à água nem ao fogo, nem à terra nem aos céus! O melhor quadro abstrato seria, então, um manual de geometria!". A suposta ausência de memória eliminaria o abstracionismo de uma perspectiva artística, em que o humano é essencial. Em 1950, Benjamin Péret afirmava ser "abusivo classificar Kandinsky, Miró, e inclusive Arp, entre os artistas abstratos". No caso específico deste último, Hans Arp, argumentava ser preciso estar "dotado da faculdade de desdobramento de sua personalidade – fato sem precedente histórico – para descobrir-se abstrato quando se expressa plasticamente". Ele mesmo, quatro anos depois, diria ser um equívoco a declaração da crítica "de que a pintura abstrata carece de conteúdo", lembrando que mesmo as pinturas geométricas não descartam o aspecto de "uma completa fusão em uma presença mítica, espiritual, religiosa". No entanto, Péret alertava para a raiz do problema, ou seja, a qualificação imprópria, o mau uso dos conceitos, quer se tratasse de arte abstrata ou arte não figurativa.

Essa relação entre o conceito e a obra em si, o efeito revelador a que elude Péret, atinge um grau elevado de contradições imediatamente após a afirmação das vanguardas, quando então passam a surgir mil apuros conceituais que não dão conta do que rezam os manifestos e nem percebem a estreita ligação com tendências já existentes, em muitos casos sequer passando de tácitos epigonismos. René Magritte, em 1959, resumiu com lucidez o assunto: "A eterna bobagem se manifesta hoje ao pretender que chegou o momento de substituir a arte de pintar pela produção de inumeráveis pinturas chamadas 'abstratas', 'não figurativas' ou 'informais', acreditando que a poesia consiste em um ato de evasão em proveito de valores imaginários". O desdobramento caótico dessa pretensão a que se refere Magritte gerou inúmeras outras distorções conceituais, processo violentamente piorado com a entrada em campo do conceito de arte pop, espécie de volúpia nominativa que ainda hoje se manifesta na forma equívoca quando se trata da compreensão da real função dos meios tecnológicos: valiosos quando a serviço da arte, em muitos casos – dois exemplos clássicos seriam a música eletrônica e a holografia – chegaram a ser confundidos com a arte em si.

Como muitos artistas ligados direta ou indiretamente ao Surrealismo foram envolvidos nessa trama conceitual, recordemos que também o movimento francês enfrentou algumas distorções dessa ordem, sendo a mais conhecida a denominação de "suprarrealismo", quando o radical "supra" significa "acima", discordando da proposta original, que elude a soma e não a localização. Trata-se não de posição geográfica, mas sim de atitude. Breton desde cedo afirmou que "o que propõe o Surrealismo é a expressão do conteúdo latente". Já em 1930, Salvador Dalí preconizara que "tudo permite crer que a realidade, em um futuro próximo, será considerada unicamente como um simples estado de depressão e de inatividade do pensamento e, em consequência, como uma sucessão de momentos de ausência do estado de vigília". Claro que ele próprio já preparava aí terreno para o método paranoico-crítico de leitura da realidade. Outro surrealista importante, René Crevel, em

1935 alertava que o conceito de realidade estava sendo subjugado por uma prática de afastamento da mesma. Esse abismo aparente entre realidade e surrealismo viria a confundir inúmeras peças envolvidas no encadeamento algo insólito daquele período de nossa história recente. Segundo o chileno Roberto Matta:

> *Ainda que a condição humana tenha mudado de espaço, seguramente resultou sempre igual, opressora para o indivíduo. Porém, desgraçadamente, inclusive os partidos dos pobres têm arrivistas que lutam contra a poesia, contra a vontade do poeta. São os que chamam de realismo o que não creio que seja uma forma da ignorância que se tem do homem e da terra.*

Essa percepção declarada de uma relação homem e terra se enganosamente levou a atritos entre ambientações urbanas e rurais, não se pode desconsiderar como sendo uma das raízes da criação artística em todos os tempos. Quando o chileno Matta a ela se reporta, está claro que a dissensão entre os dois conceitos é mais determinante em sua obra do que no caso de um parisiense, a exemplo do próprio Breton, que já observara o assunto por outro ângulo: o do abuso de classificações escolásticas. Fato é que o entendimento de realismo em Matta é o mesmo de Breton. Ainda que se possa favorecer novo equívoco, o ponto a ser observado não é a declaração em si e sim a aplicação da mesma no momento em que ocorre. Certa vez, Marcel Duchamp declarou que a grande importância da pintura de Matta radicava no "achado de regiões do espaço até então inexploradas no domínio da arte".

Duchamp astutamente considerava os riscos de tais descobertas serem confundidas com "uma nova ilusão tridimensional", ou seja, que saltassem fora do âmbito artístico, sendo compreendidas como artefatos científicos. Uma vez mais a presença de uma leitura cartesiana da criação artística. Nos anos 50, os remanescentes residentes em Paris do Surrealismo, entre eles, Jean Schuster e Simon Hantaï, referiam-se a "uma faculdade única que tratou como merece a oposição entre o mundo afetivo e o mundo intelectual". Ou seja, mesmo aí havia uma dissensão que pode ser teimosamente entendida como apenas conceitual.

No que se refere diretamente ao caso de Antonio Bandeira, vale recordar uma abordagem do crítico Carlos Roberto Maciel Levy ao dizer que o artista brasileiro "praticou uma pintura cuja singular qualidade abstrata apoiava-se em referências ao mundo real, como sucedeu com a portuguesa Maria Helena Vieira da Silva", logo destacando outro aspecto relevante: o de que tenha conservado "intactas as experiências de sua origem cultural incorporando-as às novas experiências adquiridas na Europa".

Bandeira diria: "tenho para mim que toda criação artística imprescinde de grande dosagem de lirismo, e creio que isso não é novidade alguma, pois a diferença entre a mão e a máquina é notável, é o calor táctil e a danação do cérebro". Essa relação intrínseca com o lirismo é o que leva Regina Ilka Vieira Vasconcelos a afirmar que Bandeira tem a pretensão de ser o narrador da paisagem, ou seja, "aquele que conta sobre ela sabendo-se impregnado dela e nela deixando sua própria marca". Evidente que aqui não se pretende incorrer em outra faceta limitadora, reduzindo a obra de Bandeira a mero paisagismo. O que se verifica é que ele, mesmo no abstracionismo, buscou essencialmente a presença do homem, não lhe cabendo uma leitura da obra como fases isoladas, aqui lembrando duas delas: o paisagismo e o figurativismo. Como diria ele mesmo:

> *Sempre observador e contemplativo, fui tomando conta de tudo, olhando pelo ângulo da visão e do sentimento, observando seres, coisas, objetos a meu redor. Tudo é útil como fonte de inspiração: alegria, sofrimento, multidão, solidão, coragem, medo, homens, mulheres, crianças, animais, cidades, árvores, vento, céu, mar, sonhos, astros, peixes, insetos, riqueza minha e dos outros, miséria minha e dos outros...*

Acerca de uma condição "profundamente lírica" vale mencionar aqui um depoimento de Sérgio Milliet a seu respeito:

> *Quando da primeira exposição de Antonio Bandeira em São Paulo, tive a impressão de estar a olhar as luzes dos arranha-céus da Praça da República através do arvoredo. Para mim, aquela multidão de pontos coloridos a brilharem no emaranhado das linhas, nada tinha de abstrato. Mas a intenção do pintor era outra, poderão dizer-me. Não é em verdade o que interessa; vale, isso sim, a emoção que provoca a obra de arte, e a que eu sinto diante dos quadros de Bandeira, é sempre a de uma grande comunhão do artista com a natureza, mas uma natureza incrustada na cidade, iluminada pelas luzes da cidade, dissipando a dureza dos edifícios, protegendo o transeunte contra a pedra e a fumaça.*

Bandeira não desconsiderava a inspiração, claro está, mas se punha na condição de um observador atento das coisas à sua volta. De maneira que seu abstracionismo jamais compactuaria com o racionalismo absorvido pelos concretistas paulistas que, no dizer de um deles, Décio Pignatari, "não suportavam expressões vagas como 'intuição', 'inspiração' etc.". O formalismo localizado em Bandeira, se assim o podemos chamar, aponta para uma apreensão orgânica de um sentimento humano, em que "a cidade como matéria oferece a miséria da casa e da família proletária e do jangadeiro do morro", segundo aponta Vieira Vasconcelos, não sem antes lembrar que "sua referência de realidade é o movimento e as cores" de cidades como Fortaleza, Rio de Janeiro e Paris, com as quais o artista divide a experiência de toda uma vida.

Segundo Estrigas, "Bandeira dizia que Paris não era só o cinzento. A cor estava na noite, era preciso não dormir para ver". A Paris que desentranhava na madrugada equivalia à Fortaleza vislumbrada sob a luz solar. Miséria e grandeza revelavam-se para o artista em horários distintos, em uma e outra cidade. A força impressionante do componente cor, no entanto, não poderia ser vista como uma busca em isolado, de um elemento que acabasse incorrendo na autocontemplação de limites, um imobilismo recorrente em inúmeras tendências da modernidade e hoje caso comum na pós-modernidade. Mas devemos considerar uma preciosa observação de Waldemar Cordeiro, quando lembra riqueza e multiplicidade do plano cromático de Bandeira, evidenciando que "seus elementos, picados às dezenas, ferem os olhos como se os raios da luz formassem um feixe de alfinetes rebeldes". É importante também a referência a "alfinetes rebeldes", no sentido de que a utilização de uma técnica não estava a serviço de um apaziguamento de sentidos, mas antes de uma provocação, ou seja, a arte como uma afirmação que ao mesmo tempo é uma contrariedade. Os "alfinetes rebeldes" em boa hora captados por Cordeiro levam-nos à sequência de um desarranjo conceitual que embaralhava as ideias daquele momento. Já em 1951, poderíamos ver o jornal *O Estado de S. Paulo* estampar, em matéria não assinada:

> *É esse semiabstracionismo hipersensível, esse mundo intermediário entre o que existe e imagina existir que deixa o pintor Bandeira em posição toda especial na pintura brasileira moderna. Derivando das raízes mais autênticas do Surrealismo e do abstracionismo, Bandeira nos traz o que ainda não possuímos: um visionário da pintura.*

Por sua vez, o crítico Geraldo Ferraz, diria:

> *[...] e a pintura permanece como sendo a "coisa mental" de que Leonardo da Vinci se fez o inaugurador teórico, pois Antônio Bandeira a filtra em manchas d'água, em riscos decisivos de tinta, na sustentação indistinta, frágil ou fortíssima, estruturas despojadas em sua precariedade, ou multiplicadas como "em movimento" (mobilidade) e, de repente, tudo recai no silêncio do crepúsculo, de noite impiedosa, expectativa após a tempestade – um mundo irreal completamente emergido da pintura.*

São observações complementares, claro, mas que chamam a atenção para um mesmo conflito conceitual. Quem se preocupa hoje em classificar um Blake ou um Goya nessa ou naquela escola? Que importaria olhar para um Salvador Dalí, por exemplo, e dele dizer tratar-se de um surrealista? Evidente que há aí um vício do olhar, tanto na negação quanto na afirmação de uma correlata importância. Não se pode abstrair a circunstância da leitura de uma obra, como tampouco reduzi-la a um foco único.

O gotejamento de Jackson Pollock em nada se distancia do traçado automático defendido pelo Surrealismo e praticado, por exemplo, por André Masson. José Pierre, por exemplo, ao comentar sobre a obra de Masson, adverte para o fato de que "também experimenta um traçado automático, no qual se tem visto com razão uma prefiguração do *dripping* de Pollock", lembrando logo a seguir que, "antes de descobrir o *dripping*", o próprio Pollock "é catalogado nos Estados Unidos como pintor surrealista, com obras em que se misturam as influências de Picasso, de Miró e de Masson". A espontaneidade, ou expressão direta da imaginação, aclimata artistas diversos vinculados direta ou indiretamente ao Surrealismo, e mesmo o Movimento pela Arte Concreta – fundado em Milão, Itália, em 1948 – inclinava-se por uma pintura e uma escultura abstratas "que fossem livres de qualquer imitação ou referência ao mundo exterior".

Naturalmente que a maneira múltipla de surgimento das vanguardas desagradava na mesma proporcionalidade aos que não pertenciam a ele e aos que queriam fundar nova escola. Pignatari acusa hoje Waldemar Cordeiro de ter sido "o capo brasileiro" da arte concreta, não mirando o próprio espelho – dele e dos companheiros de Concretismo, quando inverteram a polaridade e negaram compartilhar mundo com quem fosse –, e estende a acusação a nomes como Max Bill ou Tomás Maldonado. Mas logo diz: "Cordeiro fez uma revolução artística e ideológica" e "Maldonado foi meu guia". Não é de todo risível, se pensamos no tablado inflamável de egos que não estavam dispostos a sequer perceber a presença do outro. A postura de Pignatari é da mesma ordem daquela incorporada por alguns surrealistas que rejeitavam a discussão da arte como algo acima das pretensões pessoais, binárias ou oníricas. Ao invés de acrescentar algo à cena apequenavam-na, motivados por uma vaidade a toda prova.

Vale aqui observar que Sérgio Lima considera o abstracionismo lírico e a pintura informal como "desdobramentos diretos do Surrealismo e da prática regular do automatismo na pintura – método adotado desde os anos 30 por Wols", artista a respeito do qual cabe mencionar uma leitura crítica de Jean-Clarence Lambert, ao dizer que graças a seus "mergulhos nas profundezas do ser, na noite do inconsciente, Wols nos traz visões de dissolução, de corrupção e de anulação", em face do que, ainda segundo Lambert, "os surrealistas não quiseram acompanhá-lo nessa vertigem desesperada". Esse mergulho intensificado ao nível de um desgaste íntimo, somado ao alcoolismo, certamente teria levado Wols ao suicídio.

Consideremos também a presença de Camille Bryen, um dos artistas apontados como fundador da arte informal ou um dos pioneiros da abstração lírica e do tachismo, abordagens que divergem entre si como se tratassem de aspectos distintos. Uma publicação parisiense de 1997 ostenta nota não assinada, em que se diz que os desenhos explosivos de Bryen, ainda que automáticos, "são de uma outra natureza daqueles realizados com os procedimentos surrealistas". A mesma matéria refere-se a um "movimento mediúnico" a que recorria Bryen para criar.

O próprio Bryen, em texto que escreveu para o catálogo de uma exposição de Bandeira, em 1948, na Galerie des Deus Îles, intitulada La Rose des Vents, sintetiza:

A pintura é expressão da vida profunda e se organiza como uma função cósmica. Longe de ser unicamente resultado da emoção sensorial, ela deve ser como uma obra mágica que lida com a visão não apenas do olho, mas com a visão paraótica; não apenas com a dimensão das formas e das cores, mas aquela das ausências, dos desdobramentos, das lembranças, das ambivalências psíquicas e físicas.

Qualquer abordagem em torno do *dripping* refere-se a uma "atuação automática simultânea do artista excluindo a reflexão estilístico-formal", e Max Ernst recorda ainda que, uma vez desenhado o "surpreendente traçado", é possível, então, "começar o jogo das associações de ideias". Bandeira, em entrevista concedida a Milton Dias, defende que "o artista deve sempre estar em disponibilidade para o momento da criação", para tanto sendo necessária "uma liberdade total", "estando sempre disposto a receber emoções a fim de transmiti-las ao meu trabalho". Porém alerta: "minha pintura é mais de metamorfose, de transfiguração. É uma transposição de seres, objetos, coisas, momentos, gostos, olfatos que vou vivendo no presente, passado, futuro".

Tachismo, arte informal, abstracionismo lírico, *dripping*, automatismo, Breton se referia ao Surrealismo como "associação livre, espontânea, de pessoas que desejam dar livre curso a uma atividade que julgam mais em consonância com suas maneiras normais de pensar e de sentir". Sempre destacou a condição essencial de "aventura espiritual", ao mesmo tempo em que considerava o termo "grupo" apenas se levado em conta o aspecto de afinidades eletivas. Em muitos aspectos a obra de Antonio Bandeira poderia ser reclamada pelo Surrealismo. Ao ser indagado sobre arte primitiva, disse: "acredito no primitivo do convento, em um Giotto, em um Fra Angelico, ou então no primitivismo na criatura ignorante mas sensível. Creio na arte primitiva feita pelos loucos e pelas crianças, mas com aceitação limitada, partida de um princípio emotivo". Penso, então, em uma observação de Joyce Mansour, confirmando a não existência de uma maneira de pintar surrealista: "não é a técnica pictórica que é surrealista, é o pintor – e sua visão da vida".

E aqui encontro oportuna uma leitura de Rubem Braga, ao comentar exposição de Bandeira em 1949:

> *Basta olhar esses grandes óleos para sentir que o suposto boêmio de Saint-Germain é um grande trabalhador, um enérgico operário que necessariamente gastou a maior parte de seu*

tempo construindo esses quadros. O verbo construir não me saiu por acaso. Acho que Bandeira evoluiu para um construtivismo – entretanto sem dureza –, em que a disciplina da composição não estraga o frescor da invenção lírica.

Nos anos 50, o Brasil ainda olhava para o resto do mundo como algo distante de si. Mesmo hoje, o que mais nos caracteriza é a ausência de diálogo com outras culturas, sobretudo aquelas que poderiam ser vistas como confluentes. A rigor, o Brasil existe graças a seus artistas. Nenhum político brasileiro pôs o país em foco internacional, de maneira sistemática – claro que não me refiro a escândalos ocasionais –, dissociada de uma ação precedente da parte de seus artistas. Se nada aprendemos ou quase nada importamos, a raiz de tudo está em nossa falta de percepção para o diálogo, na empáfia característica de quem não vislumbra o mundo além de si mesmo. Um Brasil agrário, um outro urbano, talvez um terceiro mudando, já mesclado, a velha rixa entre as duas grandes províncias, Rio de Janeiro e São Paulo. Uma leitura mais abrangente vinha do próprio Bandeira:

Estamos em plena época de flutuação. É de fundamental importância que os pintores novos encontrem seu caminho e escapem da tirania dos grandes, de Picasso, de Matisse e Braque. Nossa época é hesitante, trêmula. Nossa arte não faz senão refleti-la.

Em meio a esse torvelinho de circunstâncias, o país falhou pela simples razão de que a intelectualidade jamais chamou para si a responsabilidade de constituir uma nação.

Falha que persiste, inalterado o motivo. Pignatari observa, acerca de Mário Pedrosa, que "embora intelectualmente desordenado, tinha uma visão crítica avançada em relação ao fenômeno artístico, beirando a semiótica". Esta, somada às declarações já devidamente aqui aclimatadas de um baluarte do Concretismo, evidencia o fato de que os brasileiros caíram no conto do burburinho das vanguardas europeias e trataram de brigar entre si, equivalendo-se em desrespeito mútuo e algazarra inócua.

No caso de Pedrosa, vale lembrar o estudo *Da natureza afetiva da forma na obra de arte*, tese defendida em 1949, junto à Faculdade Nacional de Arquitetura, e que o vincula ao abstracionismo. Pedrosa foi um dos grandes impulsionadores das artes plásticas no Brasil. Em 1954, integrou a comissão que definiria a delegação a representar o Brasil na Bienal de Veneza, ao lado de W. Pfeiffer e Antonio Bento. Uma leitura bastante abrangente das tendências que então se mostravam no país elegeu artistas tão distintos entre si como Ivan Serpa, Volpi, Lygia Clark e Antonio Bandeira. Pedrosa também indicaria Bandeira para a exposição do IX Prêmio Lissone em Milão, no ano seguinte.

Ao escrever sobre exposição de Bandeira na Associação Brasileira de Imprensa, no Rio de Janeiro, em 1951, Pedrosa estabelece relações estéticas entre o visionarismo – "o ramo que do mundo deixa entrever apenas os sonhos, as raízes, silhuetas, sugestões, perfumes, a alma" – e um cuidado minucioso com a técnica por meio da qual esse "ramo visionário" deveria ser expresso.

Diz o português Mario Cesariny de Vasconcelos que "a procura de um trânsito entre o inominado e a probabilidade de captação foi a maior aspiração dos surrealistas, que a colheram de Rimbaud". Naturalmente o resultado desse trânsito seria traduzido ou expresso em obras essencialmente distintas entre si, e talvez venha daí a dificuldade em entender o Surrealismo como escola, pela ausência absoluta de uniformidade na resultante dos métodos propostos. Não há dúvida de que artistas como Bandeira ou Pollock eram parte dessa cadeia de vínculos do Surrealismo. Decerto Breton desatou algo maior do que ele e não soube conviver com desdobramentos tão vertiginosos. José Pierre, por exemplo, fala em "irradiação do Surrealismo na América", quando o correto seria dizer "identificação" do Surrealismo com a América.

Antonio Bandeira jamais se manifestou em relação a essa aproximação entre Surrealismo e modulações abstratas, tachismo, arte informal etc. Caberia aqui leitura no sentido inverso, ou seja, o que dizia a crítica francesa de Bandeira. Dela observou Pierre Descargues tratar-se de "uma pintura com pequenos toques, uma pintura de mil pontos de fuga, de mil cumes de árvores, uma pintura que você vai querer escolher para seu sonho". Já Pascoal Rossini evidenciava uma relação com Laforgue, no sentido de que Bandeira "quer exprimir uma visão interior, uma visão confusa, que é preciso trazer ao dia", ressaltando que o artista brasileiro havia alcançado ali uma liberdade na pintura, extrapolando, do ponto de vista da utilização de modelos, os referenciais da pintura clássica.

Um modelo abstrato? Bandeira havia atingido uma fusão de caracteres que até então identificavam isoladamente tendências. Diante de *Cidade e personagem*, óleo de 1951, é impossível seguir afeito a uma certa rotina das vanguardas. Ali estava a soma de todas elas. O modelo era o próprio homem, sendo uma confluência natural entre memória e desejo. O que faltou a Bandeira foi não considerar o vício cartorial da época em que vivia, ou seja, em momento algum saiu a registrar as pinceladas como sendo a razão de ser de uma estética de ocasião.

O crítico Teixeira Leite, ao escrever sobre Inimá, reconhece que ele, a exemplo de muitos outros artistas brasileiros do final dos anos 50, "inclina-se nesse momento para a vertente tachista ou informal do não figurativismo", tachismo que punha diretamente em jogo o acaso, um estalo de espontaneidade que buscava a expressão direta da imaginação. O expressionismo de Portinari influenciaria uma conotação surrealista nos primeiros óleos de Floriano Teixeira. Inclusive o abstracionismo informal de Flávio Shiró – tendência que se mostra em 1957 e está presente na exposição "Brasileiros de Paris", no ano seguinte, justamente com Bandeira e Krajcberg, dentre outros – poderia ser visto como um ponto a mais de confluência no tocante a uma tendência reveladora de toda uma época.

***

A correspondência de valores que somados fundamentam uma vida é algo admirável em Bandeira, que em momento algum se rendeu ao sempre desestabilizador da personalidade de um artista que é o mercado de arte. Aliás, a distinção – ou polarização – a ser feita é entre artistas que optaram por viver a arte e aqueles que pretenderam apenas viver da arte. Seguramente Bandeira estava entre os primeiros, e valho-me aqui de uma observação de Aluízio Medeiros, nome igualmente vinculado, originalmente, ao grupo CLÃ, poeta de não menos importância que alguns notáveis pares brasileiros na afirmação de nossa modernidade, ainda que jamais tenha sido, sobretudo por seus conterrâneos, reconhecido como tal.

Em texto para catálogo de exposição, registrou Medeiros que "não sendo Antonio Bandeira autor de um quadro, mas sim de uma sequência que não chegou ao seu termo, há na obra do artista cearense uma constante temática e uma permanência das texturas tonais e cromáticas". Se essa constância não se deixou alterar, naturalmente aí sentimos a presença firme de seu caráter. E talvez naturalmente nos venha a intrusa indagação: de que vivia o artista? Não caberia resposta, pois sempre que nos metemos em tentar avaliar esse fator confundimos os motivos e idealizamos circunstâncias incabíveis. Em uma famosa conferência sobre Salvador Dalí, o português Mario Cesariny de Vasconcelos abordou uma gritante distinção entre o controverso catalão e um dos fundadores do Surrealismo, Louis Aragon. Até que ponto arte ou conta bancária estiveram a serviço do estalinismo de um e do anarquismo de outro? Pretender julgar alguém é sempre a raiz de todo erro.

Esteve certo Bandeira ao não admitir – até onde é possível a alguém assegurar-se disso – intromissões em sua vida particular. Uma das frases mais ríspidas, talvez a única, uma vez que todos aqueles que privaram da intimidade dele diziam uma candura em corpo imenso e voz tão grave, apontava no sentido da irritabilidade que causa a intrusão provinciana na vida de um artista: "Sei o que faço e como ando". Mesclam-se aí especulações em torno de temas como alcoolismo, situação financeira e homossexualismo.

Em recente entrevista a Mônica Riani, o escultor Frans Krajcberg aborda aspectos diversos em relação a Antonio Bandeira que são da maior importância:

O Antonio Bandeira, único no Tachismo, está esquecido. Ele também era um grande amigo e fui eu quem o mandou de volta para o Brasil quando ele estava em Paris. /(Por quê?)/ Ele bebia muito e percorria entre 10 e 15 bares por noite. Bebia e não pagava. Então ligava pedindo dinheiro emprestado. Até que um dia o aconselhei a voltar, que aquela situação estava ficando impossível. Engraçado que ele voltou, mas não conseguiu ficar muito tempo e retornou à França. Bandeira era mais parisiense que o próprio parisiense.

Na mesma entrevista, Krajcberg diz uma frase lapidar, que caberia na boca de qualquer grande artista brasileiro: "acho que sou uma ameaça ao país".

Os cinco primeiros anos de vivência em Paris tiveram tanto o valor impactual de uma identificação, como a saturação de uma relação burocrática e mesmo uma dose de saudosismo, não propriamente no âmbito provinciano do termo, mas a falta de toda aquela luminosidade, a voluptuosidade cromática das origens, o fato de ter que transportá-la da realidade para a memória.

Bandeira vivia em Paris respaldado por uma bolsa do governo francês e com uma ajuda complementar do Itamaraty. Estrigas comenta que aquela situação "lhe dava dinheiro suficiente para comprar tinta e beber bastante conhaque se desse vontade disso". Vera Novis observa que "por falta de dinheiro para comprar telas, o artista fazia principalmente guaches e desenhos, e também pintava cerâmica".

Contudo, tal situação era provisória. Em 1951, retorna ao Brasil, passando um curto período em Fortaleza, e logo se mudando para o Rio de Janeiro, onde, no ano seguinte, iria residir em um apartamento na av. Copacabana 1.032 – "é um apartamento bem simpático e que me custa os olhos da cara", diria em carta ao amigo Zenon Barreto. A temporada brasileira se foi, pontuada por uma série de importantes individuais – Fortaleza, Rio, São Paulo –, não encontrou semelhante condição no âmbito financeiro. A imprensa o recebeu muito bem em todos esses momentos, porém quase não havia compradores para suas telas – de uma dessas individuais, justamente a exposição na ABI, diria logo em seguida: "o que há de mais rico e chique, no Rio, compareceu, mas comprar quem foi que viu?". Desde a chegada ao Rio, passa a escrever a Barreto, solicitando-lhe a intermediação em pendências da parte da prefeitura de Fortaleza e do governo do Ceará, em face de aquisições de obras que não foram devidamente remuneradas. O assunto com a prefeitura logo foi resolvido, porém a pendência na esfera estadual – tratava-se do governo de Raul Barbosa – se prolongou por mais de seis meses. Em correspondência ao amigo, Bandeira confessaria: "sobre o dinheiro do governador, gostaria que ele viesse logo, pois ando mesmo apertado".

A condição em que o aconselhou Krajcberg a retornar ao Brasil era residual dessa primeira temporada de espantos essenciais e dormência burocrática. Há uma distinção imensa entre o Bandeira pobre que morava em um apartamento na Amiral Mouché nº 23 e aquele maduro que se mudaria para a *avenue Perre 1er de Serbie*, quando seus quadros já eram estimados em dólar. Não me refiro à distinção de caráter, mas sim de prejuízos emocionais que certa vacuidade pode provocar. Naturalmente que aquela condição afirmada por Estrigas de um artista com produção internacionalmente aceita, no que respeita a aquisições, foi uma conquista da segunda residência em Paris, quando, por exemplo, "chegou a vender tudo em uma exposição realizada em Londres". O crítico Antonio Bento, em 1960, escreveria, "que o artista é um dos poucos pintores brasileiros que podem viver na Europa da venda de seus trabalhos". Havia, no entanto, uma oscilação. Na mesma época, quando passou alguns meses na ilha italiana de Capri trabalhando em uma série de 30 guaches que logo seriam expostos em São Paulo e Rio de Janeiro, a consonância seria a de um grande sucesso de crítica e público, ao lado de um fracasso absoluto de vendas. Acaso se poderia dizer dos grandes centros culturais brasileiros o que nos anos 40 teria observado

Chabloz em relação a Fortaleza? Disse, então, o suíço: "a elite culta de Fortaleza, amante compreensiva e sensível da arte autêntica e possuidora de bom gosto, não corresponde à elite econômica". Em contrapartida, em 1962 recusaria convite para exposição em Washington alegando, dentre outros motivos, as inúmeras solicitações de compra de trabalhos seus.

Além da oscilação ao conciliar produção e venda, havia um outro aspecto, algo vertiginoso na vida do artista: a errância em termos de residência. As andanças múltiplas por Paris, Rio de Janeiro e Fortaleza nunca lhe permitiram uma morada fixa, mudando constantemente de endereço, espaço que se confundia sempre com o do próprio ateliê.

Bandeira vivia para seus olhos, entregue às essências do que eles pudessem captar do mundo. Percorrer o interior da Itália teve o mesmo sabor das andanças pela Bahia. Não via o mundo propriamente, mas sim o que o mundo tinha para lhe ofertar aos olhos. A convivência com o mercado de arte em nada se distinguia da relação com a história da arte. Desempenhava o papel de artista, apenas. Michel Seuphor refere-se ao "pintor negro Bandeira" como sendo o único representante brasileiro do abstracionismo, isto em 1964. Dois anos antes, Pietro Maria Bardi salienta: "Este *charmant* cearense, mais conhecido em Montparnasse do que em Copacabana, é o artista que representa fora do Brasil a nossa arte de cunho genuíno, possante, por suas raízes sem sabor indígena". Bandeira não era propriamente um negro, mas, antes, um mestiço. Assim como mestiça era a matriz essencial de sua obra.

A referência à cor não vem como uma visão preconcebida, mas como acusação da saliência sutil desse preconceito. Basta pensar que o *Diccionario temático del Surrealismo*, do espanhol Ángel Pariente, não possui verbete dedicado à mestiçagem, ainda que se mencione um sem número de relações entre Surrealismo francês e América Latina. A comunidade múltipla em que se firmou e afirmou este continente reforça a ideia fundamental de uma mescla de condições e proporções distintas no que toca ao diálogo com várias culturas. Referir-se a Bandeira como um "pintor negro" conduz a uma leitura redutora de seu próprio espaço alquímico de atuação.

Como não estava em seus planos morrer tão cedo – a gravidade da voz faltando levaria à morte um artista que não aceitava outra explicação para a obra que não fosse ela própria –, não se sabe o que Bandeira pretendia de uma circunstância financeira que, nos últimos anos de vida, melhorara bastante, dando-lhe alguma estabilidade. A verdade é que foi sempre um grande andarilho. Um convite para expor em Londres, por exemplo, o levou mais cedo àquela cidade, onde pintaria ali toda a produção exposta. Repetiu essa experiência em outros lugares. A memória estava tão tomada por um anseio de fusão, de caldo cultural, que pintava paisagens francesas quando estava em Fortaleza e vice-versa. Contudo, não era propriamente um paisagista, pois pintava antes o que vivera ou imaginara. E inúmeras feições do mundo não lhe saíam do olhar. Tão completamente cheio de vida, disse ao querido Milton Dias que gostaria de "pular do rio para alcançar a ponte, pois, não sabendo nadar, gosto muito da vida". Teimou eternamente com uma face que nos enclausura a todos: a da permissiva classificação genérica. Não cabendo em escola alguma, será sempre apenas um notável artista: Antonio Bandeira.

2

Carlos Drummond de Andrade

Ao prefaciar a edição conjunta de *10 livros de poesia*, de Carlos Drummond de Andrade, Antônio Houaiss destaca que o poeta brasileiro "humildemente se põe na posição de que todos os saberes possíveis sobre poesia nunca esgotarão o novo", ao mesmo tempo em que atenta para o fato de que "há subjacente na sua poesia uma contradição ostensiva e uma coerência latente entre o viver individual e o viver da espécie".[1] O que temos pela frente é o reflexo de uma obra que é toda uma existência, vorazmente coerente com todos os seus meandros, não ocultando falhas, decepções, hesitações, esgotando-se na diversidade.

> *Impossível compor um poema a essa altura da evolução da humanidade.*
>
> *Impossível escrever um poema – uma linha que seja – de verdadeira poesia.*[2]

---

1 Houaiss, Antônio. "Introdução". Prólogo de *Reunião – 10 livros de poesia*. Rio de Janeiro: José Olympio, 1969.
2 Andrade, Carlos Drummond de. "O sobrevivente". *Alguma poesia*. Belo Horizonte: Edições Pindorama, 1930.

Carlos Drummond de Andrade (1902-1987) situa-se como um dos maiores beneficiários do Modernismo no Brasil. Integrante do grupo que, em Minas Gerais, fundaria *A Revista* (1925) – publicação que, a exemplo das inúmeras, não somente do Modernismo, mas de todo o período convulsivo das vanguardas, teria a curtíssima duração de apenas três números –, o poeta não convive diretamente com a explosão do movimento, vindo a deparar-se, sobretudo no instante em que edita o primeiro livro, *Alguma poesia* (1930), com seu momento mais desafiador: quando se acumulam os destroços da tradição e se impõe a necessidade de contribuição estética mais substanciosa da ruptura.

E aqui faz bem lembrar a correta avaliação de Antônio Houaiss ao dizer que coube a Drummond,

> *mais do que a ninguém dentre os modernistas – incluindo os próprios Mário de Andrade e Manuel Bandeira – a função de cristalizador do movimento, pois nele é que a poesia brasileira contemporânea atingiria a plenitude moderna, de que derivariam (no melhor sentido) os melhores poetas subsequentes – moderna no sentido de antenação com a problemática do mundo moderno, na sua multifacetada e aparentemente caótica dispersão e concentração planetizadas.*[3]

Embora a Semana de Arte Moderna (São Paulo, 13 a 17 de fevereiro de1922) seja o marco promulgador das ideias do Modernismo, este já se prepara – em um misto de inquietação e insatisfação, no dizer de Wilson Martins – somando, de pelo menos meia década antes, uma série de

---

3 Houaiss, Antônio. Op. cit.

acontecimentos, internos e externos, de que são exemplos o insustentável anacronismo do Parnasianismo e o fervilhamento de ideias europeias, sobretudo aquelas oriundas de Marinetti e Apollinaire. O referido crítico observa ainda:

> *Mais do que uma simples escola literária ou, mesmo, um período da vida intelectual, o Modernismo foi, no meu entender, toda uma época da vida brasileira, inscrito em um largo processo social e histórico, fonte e resultado de transformações que extravasaram largamente dos seus limites estéticos. À sociedade nova, aqui e alhures, correspondia, necessariamente, literatura nova – eis o que não se cansaram de repetir, desde o primeiro instante, todos os teóricos e artistas.*[4]

A obsessão por uma literatura nova, por inevitável e sempre benéfica que seja a busca de algo capaz de subverter os parâmetros em voga, gerou um certo atropelo estético que, supostamente, deveria ser equacionado pelas gerações subsequentes. É natural essa ocorrência, pela própria convulsão que caracteriza o choque entre tradição e ruptura. No caso brasileiro, o dilema central é que praticamente não havia uma tradição, de maneira que a ruptura teria que desempenhar muito mais um papel de carta de fundação, e justamente em um território pautado por vícios oriundos do período colonial que se multiplicavam como um cancro. Recorda Ivan Junqueira:

> *O movimento modernista de 1922 tinha diante de si uma paisagem de fato desoladora: a do triunfo parnasiano, isto é,*

---
[4] Martins, Wilson. *A literatura brasileira*, v. VI – O Modernismo. 3. ed. São Paulo: Cultrix, 1969.

o triunfo da fôrma sobre a forma. E isso porque deitara suas raízes nas entranhas de um ideário estético inteiramente importado. E além de importado, empoeirado, gasto, cediço.[5]

Tanto é verdade que no resto do continente americano já ocorrera a entrada do Modernismo, considerando aqueles preceitos mínimos que podem ligar uma instância a outra. Na América hispânica, por exemplo, quando surge o período das vanguardas, que cronologicamente corresponde ao Modernismo brasileiro, já é plenamente possível falar de ruptura em contraste com a tradição. O atraso nunca foi vencido de todo, de tal maneira que o adjetivo *tardio* persegue a história da literatura brasileira – e não somente da literatura, é bom que se diga – de maneiras as mais impróprias possíveis. Dentro deste espírito, quero reproduzir um pouco mais das palavras de Ivan Junqueira:

O furor iconoclástico do grupo de 22 era tamanho e tão difuso que seus integrantes chegaram a proclamar que não sabiam bem o que queriam, mas sabiam perfeitamente o que não queriam. É claro que, nessas circunstâncias, o movimento modernista incorreu em uma série de rupturas que não se justificavam, mas que afinal tiveram lá sua utilidade, pois, na pior das hipóteses, conseguiram tirar nossa literatura do marasmo e da subserviência em que até então se encontrava. A maior prova de que tais abusos não procediam é que os beneficiários do Modernismo de 1922 não foram propriamente seus líderes, e sim aqueles que os apoiaram a distância ou, mais ainda, os que começaram a produzir alguns anos mais tarde.[6]

---
5 Junqueira, Ivan. *O signo e a sibila*. Rio de Janeiro: Topbooks, 1993.
6 Junqueira, Ivan. Op. cit.

Este, que é considerado pela crítica como uma segunda fase do Modernismo brasileiro, é o momento em que surge a obra de Carlos Drummond de Andrade, marcada pela polêmica já desde o princípio, com a publicação do poema "No meio do caminho" na *Revista de Antropofagia* (São Paulo, julho de 1928). Talvez por facilidade da crítica em tratar-lhe a obra esquematicamente ou por uma astúcia que implica em sua redução, Drummond se viu reduzido a um poeta de fases, sem que jamais tenha ficado bem explicado quando o lírico se deixa substituir pelo engajado, em que momento o esteticismo abre passo para algum eventual descuido com a linguagem ou, então, se decide a ser apenas compulsivamente erótico – aspectos ou variações que, considerados os que de fato se verificaram, jamais se deram em isolado. A distribuição de fases ganha um novo alento com a carta de defunção do poeta decretada por todos aqueles que consideram o auge de sua produção poética os 10 livros encerrados sob o título *Reunião* (1969). Excessiva benevolência da crítica, segundo se pode depreender da afirmação de Wilson Martins, ao afirmar que,

em 1945, já o poeta se havia completado em sua natureza profunda; a partir de então, há um aperfeiçoamento poético e um certo enriquecimento da inspiração, mas nada de realmente novo seria acrescentado à sua essência.[7]

---

7 Martins, Wilson. Op. cit.

É imenso o risco de tal avaliação ser interpretada como terminal no que diz respeito às possibilidades de desdobramento de uma poética. Além do que a mesma se apega a dois aspectos que são plenamente aplicáveis à leitura crítica da obra dos mais notáveis representantes de quaisquer correntes artísticas em toda a história da humanidade: técnica e inspiração. Carlos Drummond de Andrade foi essencialmente um poeta de seu tempo. Não o determinou propriamente, nem se deixou vitimar por ele. Foi mais essencialmente o seu cronista e esteticamente distinguiu-se por haver incorporado de maneira magistral técnicas múltiplas e diversas entre si, pautado por oscilações naturais, de tal maneira que, no dizer de Houaiss, por mais variações que se observe, emerge uma obra que deve ser percebida em sua condição totalizante, uma obra que "vale essencialmente como um unipoema, ou melhor, como um universo, construído em um poetar de várias décadas, poetar que deve ter sido, que foi condição sem a qual uma vida não teria sentido".[8] A ideia de fase sugere o entendimento da obra como sendo heterogênea, de maneira que não me parece relevante, portanto, abordar a obra de Drummond, sob prismas redutores, como se estivéssemos a instalar quebra-molas no dorso da história.

A leitura do diário de Carlos Drummond de Andrade ajuda em muito a compreensão daquilo que José Maria Cançado identifica como um paradoxo e uma condição ao dizer que "esse homem que parecia pertencer a nada, dessemelhante absoluto, parecia também,

---

8 Houaiss, Antônio. Op. cit.

por isso mesmo, condenado a participar de tudo".⁹ As anotações sistemáticas em forma de um diário têm início em 1943, quando Drummond já havia publicado os quatro primeiros livros, e o acompanham até 1977. Constituem uma fonte básica de convívio com este personagem tão múltiplo, segundo o qual viria a dizer Cançado, no mesmo livro, ser "dez, vinte, oitenta sujeitos diferentes, cada um deles com delineamentos, delicadezas e formas próprias de conquista e troca amorosa". Essa abundância ou complexidade existencial, que naturalmente ia mais à frente do aspecto amoroso evocado por seu biógrafo, em parte se identifica com o panorama algo intrincado da época que lhe tocou viver, considerando os conflitos naturais de um país em sua entrada na modernidade, os embaraços políticos e os atropelos da vida pessoal. O próprio poeta reflete em uma passagem do diário:

> *Há uma contradição insolúvel entre minhas ideias ou o que suponho minhas ideias, e talvez sejam apenas utopias consoladoras, e minha inaptidão para o sacrifício do ser particular, crítico e sensível, em proveito de uma verdade geral, impessoal, às vezes dura, senão impiedosa.*¹⁰

Embora o ponto manifesto dessa contradição diga respeito ao engajamento do poeta na ação política daquele momento, localiza-se aí um aspecto fundamental da personalidade de Drummond, expresso na indagação:

---
9 Cançado, José Maria. *Os sapatos de Orfeu. Biografia de Carlos Drummond de Andrade*. São Paulo: Página Aberta Ltda., 1993.
10 Anotação de 12 de abril de 1945.

"como posso convencer a outros, se não me convenço a mim mesmo?". Temos um conflito que extrapola a delimitação política, dilema que fez com que o poeta se retorcesse a vida inteira na impetuosidade dos inúmeros confrontos com sua natureza.[11] Não à toa, quando prepara uma antologia pessoal de sua poesia, dispõe os poemas não na usual ordem cronológica de publicação dos livros, mas agrupados tematicamente, abrindo o livro sob a égide de "um eu todo retorcido".

Fato é que Drummond se contorcia em perene conflito entre o próprio caráter e o temperamento dos fatos à sua volta. Em momento algum, no entanto, foi vítima de uma indecisão, pois de uma maneira ou de outra entregava-se por inteiro àquilo em que acreditava. Neste sentido, foi homem de uma integridade abismal, pouco compreendida ou aceita em um meio sempre afeito a moderações de toda ordem. Não era um homem alheio a seu tempo, como João Cabral de Melo Neto certa vez aludiu, indignado com o aparente desinteresse de Drummond "pelo que estava acontecendo em termos de poesia na Europa". Evidente que desinteresse não quer dizer desinformação. Drummond não era o alheio à maneira de um Jorge Luis Borges, por exemplo. Sua natureza sempre colidente consigo mesma é que o conduziu por caminhos que não se limitavam a contornos literários, imprimindo em sua aventura um feitio tanto mais amplo quanto diverso e não menos controverso.

---

11 Nesta mesma anotação do diário diria: "Nunca pertencerei a um partido, isto eu já decidi. Resta o problema da ação política em bases individualistas, como pretende a minha natureza".

A crítica literária possui seus vícios, naturalmente, e um deles diz respeito ao padrão de comportamento por ela atribuído ao poeta. José Maria Cançado dá no alvo ao perceber que a poesia do autor de *O sentimento do mundo* vem "às rajadas daquele ponto negro, onde se encontra o próprio Drummond comendo sacrificial e iluminadoramente o próprio fígado". Não se inclinava por uma sedução fácil das vanguardas, o que não quer dizer que as desconhecesse. João Cabral não percebia uma pequena distinção: Drummond e Manuel Bandeira – sua ressalva também envolvia este outro poeta – não tinham a preocupação de fundar uma voz própria, definir uma poética, pois se encontram entre aqueles raros casos de poetas que já nascem prontos. Olhavam à volta com outras preocupações, portanto. Apenas isto, porém distantes de quaisquer temores de cristalização estética e menos ainda de uma satisfação plena ante o que a experiência de vida ia descortinando a cada momento.

Na série de entrevistas radiofônicas realizada por Lya Cavalcanti, Drummond recorda o período de edição de *A Revista* – um dos principais momentos de repercussão do Modernismo fora do eixo Rio-São Paulo –, nos seguintes termos:

> *Fui, e não me custa dizê-lo, um misto de agitador e gaiato, com tempo disponível para fazer uma espécie de modernismo estridente, que irritava mais do que convencia, ou antes, não convencia coisa alguma.*[12]

---

12 Andrade, Carlos Drummond de. *Tempo vida poesia – confissões na rádio.* 2. ed. Rio de Janeiro: Record, 1987. Nesta edição se reproduz a série de oito programas dominicais da PRA-2, Rádio Ministério da Educação e Cultura, gravados em 1955.

Esta passagem ajuda a engatar três perspectivas dadas como distintas entre si: um Drummond alheio a seu tempo, outro que questionava os jeitos usuais de adaptação e um terceiro que rejeitava qualquer forma de subordinação. Tais delineamentos não atendiam à voracidade existencial de Drummond, basta pensar no que diria à mesma Lya Cavalcanti:

> *O que há de mais importante na Literatura, sabe, é a aproximação, a comunhão que ela estabelece entre seres humanos, mesmo a distância, mesmo entre mortos e vivos. O tempo não conta para isso. Somos contemporâneos de Shakespeare e de Virgílio. Somos amigos pessoais deles. Se alguém perto de mim falar mal de Verlaine, eu o defendo imediatamente; todas as misérias de sua vida são resgatadas pela música de seus versos.*[13]

Também se pode recorrer à síntese do poeta, bastante sugestiva, que traça um de seus tradutores para o espanhol, o mexicano Francisco Cervantes, ao destacar que Carlos Drummond de Andrade

> *enfrenta la realidad, pasando por una sensación populista, muy de guerra mundial, para llegar al conocimiento de que uno pasa con las manos vacías por las estancias de la existencia y que, al hacer una reconsideración de ésta, descubre otra vez lo elemental, lo fundamental de los asuntos sencillos, para concluir que el habla llana encierra en ocasiones maneras más hermosas, de uso poético, que el refinamiento. La trayectoria de una obra así de sólida reviste una apariencia de juguetona sensatez, de supervivencia sin compromiso, pero sin ocultarse al mundo dentro de una pecera.*[14]

---

13 Andrade, Carlos Drummond de. Op. cit.
14 Cervantes, Francisco. "Una conciencia a la busca de la vida pasada en limpio", prólogo de *Poemas*. México: Premià, 1982.

Seu humanismo era verdadeiramente possuído por esses engodos existenciais, de tal maneira que até mesmo o cinismo, a visão corrosiva, o humor não se encaixavam na poética senão como uma zona de tensão, tablado onde por vezes confundir era a melhor estratégia para alcançar alguma compreensão. Drummond não confundiu somente a si mesmo, mas a todos os seus críticos. E não o fazia, diga-se melhor, de forma artificiosa, mas antes, como afirma Fábio Lucas, retratando "a crise do sujeito no ritual da modernidade, seu isolamento e sua solidão".[15] E a representação desse conflito evidentemente se dá de modo múltiplo, seja do ponto de vista da linguagem – não à toa inúmeros poemas assumem a forma velada de uma crônica e vice-versa – ou desse caudal de vozes que muitos críticos confundem com mera superposição de fases. Diria que este é um dos notáveis ardis da poética de Drummond, porém uma astúcia que essencialmente reflete essa "consciência armada por severo senso de negatividade e inadequação do mundo",[16] traço fundamental do poeta que salienta um outro estudioso de sua obra, Davi Arrigucci Jr.

Ainda seguindo as pistas preciosas deste crítico, temos que mesmo o aspecto da desilusão – outra recorrência na abordagem da obra do autor de *Sentimento do mundo* – não deve ser interpretado de maneira isolada, sobretudo porque ele também se reveste de oscilações que, por vezes, tocam o oposto. Arrigucci Jr. atentamente observa que "não se trata

---

15 Lucas, Fábio. *O poeta e a mídia. CDA e João Cabral de Melo Neto*. São Paulo: SENAC, 2003.
16 Arrigucci Jr., Davi. "As pedras de Drummond". Entrevista concedida a Fabrício Carpinejar. *Rascunho*. n. 30. Curitiba, outubro de 2002.

de 'desilusão', mas de um verdadeiro pensamento poético sobre nossa condição, o que não se deixa reduzir aos conceitos abstratos de uma filosofia existencial, mas é um sentimento refletido do mundo articulado em palavras, em imagens, em poemas".[17] E cabe insistir na inexistência de sobreposição de fases, pois mesmo a relação entre épico e lírico é, antes, o reflexo de contradições internas do que propriamente flutuações de linguagem. Este "misto de canto épico com acento lírico"[18] que encontramos na poética de Drummond não se verifica de maneira estratificada, mas sim como uma íntima controvérsia que reflete justamente esse eu *retorcido* – não apenas do poeta, claro está – já aqui evocado.

Evidente que a desilusão pessoal existiu e se manifestou em graus de intensidade distintos em momentos diversos, de maneira que negá-la seria desconhecer passagens fundamentais da biografia do poeta. Contudo, sua dimensão é mais profunda e importa, sobretudo, por esta lúcida abordagem de Geneton Moraes Neto:

> *Pouquíssimos criadores terão conseguido, em qualquer época, transformar em palavras de beleza tão intensa o sentimento de permanente "inadaptação ao mundo", o espanto diante do absurdo da vida, a frustração cívica, a certeza de que tudo é um "sistema de erros", um "vácuo atormentado", "um teatro de injustiças e ferocidades". Desse sentimento, desse espanto, dessa frustração, dessa certeza, Drummond extraiu uma poesia paradoxalmente solidária, perplexa, esperançosa.*[19]

---

17 Arrigucci Jr., Davi. Op. cit.
18 Lucas, Fábio. Op. cit.
19 Moraes Neto, Geneton. *O dossiê Drummond*. São Paulo: Globo, 1994.

Vale insistir, portanto: Carlos Drummond de Andrade foi certamente o poeta que, no Brasil, mais soube dialogar com a multiplicidade voraz da época que lhe tocou viver, diálogo nem sempre marcado por conquistas, inclusive porque a vitória a todo custo é uma das marcas da debilidade. Sua conquista maior é a da frequente e incansável irradiação da dúvida. Tratou ironicamente, e até com violenta náusea, a presunção de todos aqueles que sentiram-se com respostas a dar ao mundo, e o fez justamente revelando inquietudes e desilusões, identificando-se com o mundo à sua volta, errando sem sucumbir ao erro, indo e vindo em todos os matizes da sensibilidade humana, e sempre em altíssima expressão poética.

Talvez seja controverso dizer que o poeta tenha vivido intensamente cada momento, pelo que nos pareceu sempre tão cético, discordante, desiludido. O fato é que nele a experimentação era tanto existencial quanto formal, o que requer diálogo intenso consigo mesmo e com o que lhe é – aparentemente – exterior. Não se pode descrer antes de haver crido. O estar intensamente em algo possui um caráter muito mais amplo do que geralmente percebemos. O próprio Drummond alude a isto em um poema ao dizer que "o esquecimento ainda é memória". Por mais que o mundo se inicie pela afirmação da realidade, este somente se desdobra ante o questionamento da própria alegação. A intensidade da criação vem justamente de uma condição ulterior de harmonização dos contrastes, dos opostos. Fábio Lucas nos ajuda a situar melhor a questão:

> *Carlos Drummond de Andrade tornou-se mestre da figuração engenhosa, caprichadamente lúdica do universo, principalmente no campo formal. Na esfera íntima, conteudística, frequentemente manifesta uma paixão dramática que puxa para o aspecto irônico ou desencantado de avaliação da existência. Daí o seu texto pender para o jogo da criação pura (retratação de uma fantasia original, autônoma, pessoal) ou para o artifício da representação (modo de buscar uma similitude, direta ou indiretamente, entre o signo e o que ele representa).*[20]

A estratégia – se cabe o termo – era a do risco permanente, porém o pêndulo não era artificioso. Em um de seus "apontamentos literários", o próprio Drummond ironiza: "Fazia sonetos tão lindos, mas tão lindos, que ninguém percebia que não eram sonetos".[21] Talvez se pudesse dizer dele mesmo que sua estratégia era tão envolvente que ninguém percebia que não era apenas uma estratégia. Drummond encarnava como poucos o dilema do esfacelamento do ser praticamente imposto pela voragem de um século em que a experimentação converteu-se em cobaia de si mesma, ou seja, havia um emaranhado incontrolável de exigências participativas que não somente cegou inúmeras esperanças como principalmente gerou individualismos controversos que desaguaram em regimes de exceção e um caudal inoperante de desencantamento. Sob esse aspecto, Drummond foi o grande sobrevivente do século, e é até aceitável que

---

20 Lucas, Fábio. Op. cit.
21 Andrade, Carlos Drummond de. "Apontamentos literários". *Passeios na ilha*. Rio de Janeiro: Simões, 1952.

tenha despertado inúmeros desafetos que apostaram em outros não sobreviventes.

Carlos Drummond de Andrade era intensamente antidogmático. Mesmo se dissesse de si, como o fez aos 60 anos, que havia alcançado uma "serenidade ascética", no minuto seguinte já cometia uma imprudência juvenil. Rejeitava até a si mesmo, para não confundir-se com um dogma de qualquer natureza. Deu grandes pistas neste sentido, mas a crítica só o conseguia perceber literariamente. De volta ao conflito entre os territórios épico e lírico, ele próprio provocava:

> *Não há tempo de epopeia, reclamando poetas aptos para interpretá-los. Há – ou não há – poetas épicos, capazes de extrair seu alimento do contemporâneo mais álgido, como do passado, ou do futuro.*[22]

Eis uma evacuação territorial do epos, em que o poeta é sempre um navegador de si mesmo e de seu tempo, esteja em busca do passado ou de volta ao futuro. E ele próprio acentuava o assunto:

> *Que fazer de nossos possíveis dons literários, entregues à nossa própria polícia e julgamento? O público não nos decifra: apoia ou despreza, simplesmente. A bolsa de valores intelectuais é emotiva e calculista, como todas elas. Hoje temos talento; amanhã, não. Éramos bons poetas na circunstância tal, mas já agora estamos com o papo cheio de vento. Somos demasiado herméticos, demasiado vulgares, nosso individualismo nos perde; ou nosso socialismo. Chegamos a dois passos da Igreja. O que nos*

---

22 Andrade, Carlos Drummond de. Op. cit.

falta é o sentimento de Deus. Nossa prosa é lírica, nossos versos são prosaicos.[23]

É impressionante a lucidez de Drummond nesta passagem de um de seus apontamentos literários, em que aduz, referindo-se ao que deve esperar de si um jovem poeta:

> *A vocação tem de lutar contra o próximo, que tradicionalmente a ignora. Tem de achar-se a si mesma, na confusão dos modelos, estáticos ou insinuantes, que constituem o museu da literatura. E por todo o sempre continuará, solitário, a interrogar-se e a corrigir-se, não esperando que lhe venha conforto exterior.*[24]

Diante disso, é impossível imaginar que o poeta tenha prestado tributo a alguma escola literária ou argumentação política. Viveu essencialmente um conflito ulterior, e a ele entregou-se com tamanha intensidade que, mesmo ocasionalmente desagradando a expectativas de todos os matizes, foi íntegro, honesto consigo mesmo, honrado, de uma maneira que pouco se encontra no mundo fugidio das letras.

Quando se comemorou o cinquentenário do poeta, Emílio Moura recordou os encontros nos anos 20, e tocou no aspecto sempre controverso das influências: "misturávamos Stendhal com Anatole, Pascal com Bergson, Antero com Rimbaud, Ibsen com Maeterlink".[25] Ao lado de Drummond, Emílio Moura viria a fundar, juntamente com

---
23 Andrade, Carlos Drummond de. Op. cit.
24 Andrade, Carlos Drummond de. Op. cit.
25 Moura, Emílio. "Cinquentenário do poeta CDA". *Diário Carioca*. Rio de Janeiro, 26/10/1952.

Martins de Almeida e Gregoriano Cañedo, uma publicação intitulada *A Revista*, de decidida filiação ao Modernismo. Esse grupo de escritores, que incluía ainda nomes como Pedro Nava, Abgar Renault, Gustavo Capanema, Alberto Campos, dentre outros, a exemplo do que passava no resto do país, tinha uma educação literária acentuadamente francesa, ocasionalmente mesclada a vozes inglesas e portuguesas, ou seja, sempre europeias. Era comum os jovens poetas de Belo Horizonte adquirirem exemplares das edições do *Mercure de France*, da *N.R.F.* e da *Calmann-Lévy*. Para além do ambiente francês, cada um deles ia naturalmente buscando outras opções que lhes ajudassem a forjar uma melhor definição tanto ética quanto estética. No caso de Drummond, é curioso que tenha despertado interesse por dois portugueses, Albino Forjaz de Sampaio (1884-1949) e António Ferro (1895-1956). Essa aproximação nunca foi devidamente explorada, mas certamente influiu na maneira como o intenso niilismo de Drummond se mesclava com o humor, certo cinismo e mesmo as posturas anticlericais. Fato é que um livro como *Palavras cínicas* (1916), de Albino Forjaz de Sampaio, provocou um grande impacto em Drummond, o mesmo ocorrendo com a presença de António Ferro em Belo Horizonte, quando este se apresentou, em 1923, no Teatro Municipal, tocando bumbo e disparando sua propaganda poética: "A minha época sou eu". Os dois poetas cultivavam um gênero caro ao poeta brasileiro: o aforismo. Em Forjaz de Sampaio encontramos:

> *A águia que rói os fígados de Prometeu não é outra senão a Dor. Bendita seja a Dor que tiraniza e leva ao crime.*
>
> *Tudo mentira, tudo ilusão. Quem sabe lá quanta podridão levedou para dar uma rosa, para abrir um malmequer, e para florir uma chaga? Que as chagas o que são senão rubras e esquisitas flores?*
>
> *Abre o crânio e vê se distingues a alma de Dante da alma de Caim, a de Inocêncio III da do galego ali da esquina.*[26]

Por outro lado, vemos na personagem central da novela *Leviana*, de António Ferro, passagens como:

> *De hoje em diante, passo a mandar-te folhas de papel em branco, com a minha assinatura no fim. Enche-as como entenderes. É que eu não sinto o que digo, mas sinto sempre o que tu me dizes.*
>
> *[...]*
>
> *Marco, todos os dias comigo, um rendez-vous ao espelho. Falto sempre. A minha imagem, ali à espera, e eu, muito longe, contigo, nos teus braços.*[27]

António Ferro, inclusive, foi participante da Semana de Arte Moderna e publicou, na revista modernista de São Paulo, *Klaxon*, o manifesto "Nós", lançado em seu país no ano anterior, 1921. Considerado um dos pais do Modernismo em Portugal, dirigiu a revista *Orpheu* e foi intelectual ligado ao Estado Novo português, dirigindo o Secretariado de Propaganda Nacional do governo Salazar.

---

26 Sampaio, Albino Forjaz de. *Palavras cínicas*. Lisboa: Editores Santos & Vieira, 1916.
27 Ferro, António. *Leviana*. Lisboa: s/d, 1921.

Albino Forjaz de Sampaio também deu contribuição a uma política de espírito acentuadamente nacionalista criada por Ferro. De alguma maneira, os aspectos declaradamente transgressores que envolviam cada um deles exerceu algum crédito na formação do jovem poeta brasileiro. O humor em Drummond está ligado mais à ironia do que à comicidade, ironia que, por sua vez, se atém menos à zombaria do que a uma oposição aos valores sociais vigentes. Daí que seu ceticismo não possa jamais ser entendido como uma fase, como algo determinado por uma desilusão de momento. Ele próprio aclararia em uma entrevista:

> *Eu sou uma pessoa inteiramente pessimista, cética. Não acredito em qualquer valor de ordem política, filosófica, social ou religiosa. Acho a vida uma experiência que tem de ser vivida, mas que se esgota e termina, acabou, nada tem.*[28]

Evidente que naquela mescla de autores lidos nos anos 20 – Drummond se revelaria sempre um leitor voraz, mas também um apaixonado pelo cinema – os portugueses mencionados não foram mais prestigiados que os demais, embora seu biógrafo tenha destacado o impacto do *diálogo* de Drummond com os dois poetas. Ajuda a fortalecer o que defendo um trecho da nota por ocasião da morte de Erik Satie, publicado em *A Revista* nº 3, em que lemos:

---

28 Andrade, Carlos Drummond de. "Claros enigmas". Entrevista concedida a Luiz Fernando Emediato. Caderno 2, de *O Estado de S. Paulo*. São Paulo, 15/08/1987.

> *Satie deixou uma técnica e uma expressão, o que é tão raro e perturbador. Foi um criador sem messianismo, porque irônico. Em muitas de suas obras sua personalidade estará oculta, porém nunca distante. E para compreendê-lo há que dar-lhe a volta toda. Chegou a uma simplicidade tal de forma que os inexperientes e superficiais o acusaram de empobrecimento.*[29]

Segue traçando um paralelo entre a liberdade e suas limitações, o que está estreitamente ligado à conquista do verso livre. Rigorosamente Drummond está conversando consigo mesmo, e Satie torna-se, então, um valioso cúmplice dessa reflexão. Talvez a crítica tenha deixado escapar estes dados, tanto pelo aspecto distrital, acadêmico, quanto por certa cegueira hierárquica baseada no artificial prestígio literário. A íntima ligação de Drummond com o cinema, por exemplo, poderia ter sido muito melhor explorada e inclusive agendada como realce nas entrevistas tão cobiçadas pela imprensa com o poeta. Igualmente seria possível estabelecer paralelos com autores traduzidos por Drummond, de que são exemplos Choderlos de Laclos, Honoré de Balzac, Marcel Proust, Federico García Lorca e Molière.

A maneira como Drummond fala de Erik Satie é impressionante, quase como se estivesse a antever o caminho que ele próprio deveria seguir, ou melhor, que de fato acabou trilhando. Mesmo a atenção que tinha pelo Modernismo, o atrativo da Semana de Arte Moderna, de 1922, era quando menos

---

[29] Andrade, Carlos Drummond de. "Satie". *A Revista*. n. 3. Tipografia do *Diário de Minas*. Belo Horizonte, janeiro de 1926.

ambígua, ambiguidade reforçada pela correspondência com Mário de Andrade que, já em 1928, lhe dizia coisas como:

> [...] *publico o* Macunaíma *que já está feito e não quero mais saber de brasileirismo de estandarte. Isso tudo conto só para você porque afinal das contas reconheço a utilidade dele. Meu espírito é que é por demais livre pra acreditar no estandarte.*[30]

E Mário escrevera isto para Drummond justamente porque este lhe havia mostrado os originais de um livro que pretendia publicar cujo título era *Minha terra tem palmeiras*, referência direta à "Canção de exílio", poema de Gonçalves Dias, de profundo apelo nacionalista. Na sequência desta carta diria ainda:

> *Parece-me um pouco tardio para você ir na onda. Tanto mais que seu espírito individualistamente contemplativo e observador de, bem livre, não combina com isto.*[31]

Drummond acabaria desistindo não somente do título, mas de todo o livro, e sua estreia na poesia viria somente dois anos depois, com *Alguma poesia*. Estreia esta em que já se vislumbra a condição heterodoxa de toda grande poesia e mesmo o relativo tributo que paga a certas características do Modernismo, dentre elas o poema-piada e a busca de uma brasilidade. Uma leitura conjunta de sua obra, tempos depois, tornará possível entender que não seguiam tão à

---
30 Andrade, Mário de. Correspondência datada de 28/11/1928. *A lição do amigo – Cartas de Mário de Andrade a CDA*. Rio de Janeiro: José Olympio, 1982.
31 Andrade, Mário de. Op. cit.

risca as ortodoxias do movimento. A expressão jocosa logo se revelaria corrosiva em sua raiz, fruto mais de um desconforto, de uma dissonância, de uma acentuação de contradições do que propriamente de uma tirada espirituosa destinada a alegrar ou libertar o espírito. Por sua vez, a brasilidade em Drummond não foi construída, não se deu como resultado de um esforço, de um programa, tendo havido bem mais o que se possa chamar de revelação, de identificação, de descoberta mútua, em que não ficariam de fora – nem haveria motivo para tanto – os entendimentos com poéticas que expressavam outras vertentes. Mesmo a deliberação por uma temática urbana que fosse a expressão da modernidade se vê ali mesclada com a mesmice sem ressonância de uma cidadezinha qualquer, propiciando desde já leituras infinitas do cotidiano. O moderno não perde sua condição de decadente e utópico a um só tempo. E Drummond é *absolutamente moderno* exatamente por isso.

Há, evidentemente, uma conexão ininterrupta que relaciona toda a obra de Drummond – inclusive a prosa, embora esta não esteja sendo tratada na presente edição –, que a unifica acima de todas as perspectivas de fragmentá-la em fases, em face do que tão bem observou Antônio Houaiss, de que se trata de toda uma vida, "inclusive no que esta encerra de defraudações e vacilações, de ilusões e decepções, de atritos e de lubricidades".[32] O biográfico, portanto, não é penoso, um embaraço a ser evitado, mas antes elemento fundamental para a concretização – e não planificação,

---

32 Houaiss, Antônio. Op. cit.

programação – de uma obra. E este conflito nunca evitado, esta aceitação de um mundo encharcado de oscilações, relevante mais pelos erros do que pelos acertos, em que naturalmente a complexidade de linguagens que o evidenciem não se distingue do comportamento – seja individual ou social –, dos abismos dialéticos da presença do ser no tempo; este conflito que o poeta não dissocia de seus dissabores ou alegrias, da voracidade de suas leituras ou da intensidade colidente de seu viver; este conflito perene e abrangente que encontramos em toda a obra de Drummond é o que o torna o mais complexo e cristalino dos poetas brasileiros. E refiro-me a complexo no sentido de que não me parece ter sido satisfatoriamente compreendida essa condição cósmica de sua poética – termo aqui entendido como algo comum a todos os homens, uma representação do mundo que o revele por inteiro em cada uma de suas partículas, em cada um de nós.

Carlos Drummond de Andrade era um poeta entranhado em seu próprio tempo e que a todo momento punha em risco tal conexão, certo – ao menos disto – de que a poesia, qualquer que seja a forma em que se manifeste, não tem por fundo senão a própria existência humana. Antônio Houaiss estabelece como nenhum outro crítico essa relação, ao dizer do autor de *Claro enigma*:

> *É poeta do seu tempo no fato de que a matéria-prima do cotidiano se lhe aflora a todo instante, não havendo como distinguir, quase*

sempre, o que é deliberadamente circunstancial – felizmente salvo nas duas violas-de-bolso – do que é o contingente temporal, como pressão motivadora imediata de certos instantes do seu poetar; é poeta do seu tempo no fato de que eleva ao, ou insere no, seu poetar todas as entidades do seu real objetivo e subjetivo, desclassificando (mas usando deles) os assuntos, motivos, temas, tópicos antes admitidos em poética, e classificando os até então proscritos, construindo assim um poliedro poético de milhares de faces, algumas muito iluminadas por retornos no seu fazer criador, sempre a uma nova luz; é poeta do seu tempo no fato de que é intrinsecamente avesso, impotente, a dissociar assuntos, motivos, temas, tópicos entre si ou uns dos outros; porque sua poesia, não sendo fazer poético intencionalmente de objetos que venham a funcionar por si mesmos como coisas com virtualidades própria ou autocompensadas, reflete sempre um estar-no-mundo que se faz rejeitar-o-mundo para implicitamente propor-um-novo-mundo, estar-no-mundo que, mesmo quando atado a uma particularidade do mundo, é sempre, concomitantemente, uma antenação com todos os momentos e aspectos do mundo; [...][33]

Esse meter-se na matéria do mundo é o que torna Drummond ao menos o mais intrigante dos poetas brasileiros. Evidente que quando uma obra é tão abarcadora,

---

33 Houaiss, Antônio. Op. cit. A referência feita por este crítico às "duas violas de-bolso diz respeito a dois dos livros que Drummond não incluiu em *Reunião*, volume que espelha todo um programa poético ao concentrar 10 de seus livros publicados até então, e cujo prefácio é do próprio Houaiss. Drummond, então, deixou de fora *Viola de bolso* (1952), *Viola de bolso novamente encordoada* (1955), *Versiprosa* (1967) e *Boitempo & A falta que ama* – estes dois editados conjuntamente em 1968. Todos estes livros possuem um perfil "deliberadamente circunstancial", embora não estejam ausentes demais aspectos estilísticos e temáticos que definem a poética de Carlos Drummond de Andrade. O poeta de *Viola de bolso* foi sempre avesso à política literária com sua dieta de spots e declarações de conveniência, e neste livro inclusive se declara "contra principalmente minha imagem" e, não sem certa ironia, apela: "Não exijam prefácios e posfácios / ao ancião que mais fala quando cala" ("Apelo aos meus dessemelhantes em favor da paz").

dali se pode extrair hóstias para todo credo. Em língua portuguesa é o que ocorre com Fernando Pessoa, e a referência aqui não vai além do fato de que aspectos controversos, de vida e obra, nos dois autores, acabaram por gerar uma vastíssima proliferação de peritos que se empenham em refazer tudo, à sua maneira, desfigurando o objeto da vistoria e o reapresentando, na comarca em que agem, como um modelo novo, sempre curiosamente restritivo. Talvez por esta razão tenha se tornado um lugar-comum abordar a poética de Carlos Drummond de Andrade como um compósito de diversas fases.

Embora tenha rejeitado a vida inteira o epíteto de maior poeta brasileiro, esta era a consideração geral acerca de sua obra, condição estimada desde muito cedo e que levou Otto Lara Rezende a declarar que "só Machado de Assis terá tido no Brasil do passado uma presença tão intensa quanto foi, nesse século, a de Carlos Drummond de Andrade".[34] Ainda mais valiosa a abordagem de Luciana Stegagno-Picchio ao referir-se a ele como

> *um dos maiores poetas do Brasil: sem a inturgescência de Castro Alves, quotidiano como [Manuel] Bandeira mas sem o seu desprendimento sorridente, pessimista mas participante, esquivo mas humaníssimo; e com uma habilidade verbal, com uma sabedoria e criatividade poética só encontráveis contemporaneamente em poetas como João Cabral ou Murilo Mendes.*[35]

---

34 Resende, Otto Lara. Depoimento prestado a Geneton Moraes Neto, em outubro de 1987, destinado ao livro *O dossiê Drummond*. Op. cit.
35 Stegagno-Picchio, Luciana. *História da literatura brasileira*, 2. ed. Rio de Janeiro: Lacerda Editores/Academia Brasileira de Letras, 2004.

É fato que o poeta tornou-se paradigmático em muitas instâncias, não deixando de fora as injúrias relativas ao seu pessimismo, ao comportamento reservado, o que resultou em inúmeras críticas claramente oportunistas, quase que da mesma ordem dos elogios de ocasião. Paralelo a tudo isto, decorrências naturais na vida de um criador da importância de Drummond, crescia um prestígio internacional, verificado nas traduções, já nos anos 60, para idiomas como o alemão, o sueco, o inglês e o tcheco. Uma década antes o poeta já era traduzido para o espanhol, em antologias – coletivas e individuais – que circulavam em países como Argentina, Espanha, Bolívia e Chile. O cubano Helio Orovio, ao organizar e traduzir uma antologia da poesia brasileira do século XX, destacou:

> *Carlos Drummond de Andrade crea una poesía personalísima, que lo sitúa entre los más altos cultivadores del verso de este siglo, a escala mundial. Desde la aparición, en 1930, de su libro* Alguma poesia, *ha ido dando un testimonio admirable de su ser en el tiempo y el espacio, con evidentes referencias autobiográficas, en estilo desenfadado, y con inigualable energía verbal.*[36]

De regresso a esta zona de tensão entre épico e lírico – Fábio Lucas observa que, "para quem lê toda a obra de Drummond, sente nela um misto de canto épico com acento lírico"[37] –, me parece interessante evocar algumas vozes na poesia hispano-americana em que se verifique o mesmo aspecto, e neste caso é oportuna a lembrança de nomes como Humberto Díaz-Casanueva (Chile, 1907-1992),

---

36 Orovio, Helio. *Poesía brasileña siglo XX* (antología). La Habana: Ediciones Casa de las Américas, 1986.
37 Lucas, Fábio. Op. cit.

Pablo Antonio Cuadra (Nicarágua, 1912-2002), e César Dávila Andrade (Equador, 1918-1967), todos eles, assim como o brasileiro, vozes fundamentais no descortinar e no desdobrar-se do grande momento histórico das vanguardas no século XX. A exemplo de muitos de seus pares, e em consequência da própria época, estes poetas absorveram amplamente as tendências com que se expressava a vanguarda – Futurismo, Cubismo, Dadaísmo, Surrealismo etc. –, cada um particularizando tal absorção sem submeter-se ao programa de quaisquer delas. É possível apontar preferências, afinidades, variações entre o declarado e o oculto, porém jamais sujeitar-lhes a obra a nenhum dos movimentos ou escolas. Menos cauteloso que Drummond na manifestação de suas identificações, o chileno Humberto Díaz-Casanueva jamais esquivou-se da revelação do impacto que lhe provocou, por exemplo, o Surrealismo. Sobre este poeta diria Fernand Verhesen:

> *Toda la poesía de Díaz-Casanueva oscila entre un desmantelamiento trágico, un impulso irresistible hacia la Nada [...] y al mismo tiempo, una creación constante del Ser. El poema es continuamente ruptura, dislocación, caída vertiginosa, sondeo de los orígenes, y ascención súbita, discontinua pero afirmativa, de la realidade del Ser, del devenir.*[38]

Seria certamente valioso um paralelo entre estes dois poetas a partir da interferência do biográfico na obra de cada um, o embate entre um subjetivismo extenuante e

---

38 Verhesen, Fernando. Prólogo de *Le chant de la conjuration*. Bélgica: Editions Le Cormier, 1972

a busca da *otridad*, de uma voz comum a todos que possa expressar o drama humano, cuja resultante dá a ambos aquilo que Ana María del Re constata em relação à poesia do chileno: "hay que admitir sin reservas la complejidad formal y semántica de esta escritura, como también su densidad, rigor y trascendencia".[39] Igual tensão destaca Guillermo Sucre, referindo-se apenas a Díaz-Casanueva, ao situar "un continuo debate entre el poeta de la duda y la desolación [...] y el poeta de la fe"[40] – ainda que no caso de Drummond a fé tenha se mostrado sempre de forma retorcida. O lamentável é que não se disponha, até o presente momento, de estudos comparativos que avaliem a voltagem dialética vertiginosa nos dois poetas.

Dentro de um mesmo ambiente de absorção das experiências e derivações das vanguardas, mencionei o nicaraguense Pablo Antonio Cuadra e o equatoriano César Dávila Andrade, dois poetas imensamente distintos entre si, considerando que o primeiro encontrou forças interiores para resistir a todas as adversidades, enquanto que o segundo suicidou-se aos 49 anos de idade. Importa aqui, destacadamente, a maneira como lidaram com o mito, dentro dessa percussão constante de espectros de ordem lírica e épica. Seguindo as pistas deixadas por Platão, em *Fedon o del alma*, de que o poeta deve "inventar mitos", ambos se embrenharam no imaginário indígena que era a base da cultura de seus países. Sem discordar deles ou de Platão, Drummond tratou de

---

39 Re, Ana María del. Prólogo de *Obra poética*. Caracas: Fundación Biblioteca Ayacucho, 1988.
40 Sucre, Guillermo. *La máscara, la transparencia*. Caracas: Monte Ávila Editores, 1975.

mergulhar não em uma mitologia indígena, mas sim no abismo profundamente indigesto da relação do homem com seu tempo, avançando em tal abismo a ponto de desmitificá-lo.

Em entrevista que fiz a Pablo Antonio Cuadra ele se refere em dois momentos a Drummond, inicialmente quando lhe indaguei acerca das razões que levaram não somente a sua obra, mas praticamente de toda uma geração na Nicarágua a *escapar a la fiebre política, al cáncer de un patriotismo rancio, de un didactismo sutil e inexpresivo*, quando, então, me responde o poeta:

> *Creo que el hecho de coincidir la necesidad de crear una Literatura nacional con la irresistible atracción cosmopolita de las vanguardias nos permitió un equilibrio entre la tentación de la caverna y la lontananza. Añadiría otro gran peso en la balanza: a pesar de nuestros ataques, éramos herederos de Darío, de su lección antiprovinciana de universalidad. Y otra importante ayuda: la ironía, ese alejamiento del poeta del poema que permite el humor. No en balde nuestra generación tuvo un genial maestro que cantó por todos nosotros, Drummond de Andrade: ¡Carlitos Chaplin!*[41]

Ao final desta mesma entrevista, Pablo Antonio Cuadra destaca a importância da obra de Drummond e indaga: "¿cuántas ediciones de su obra hay en español?". Por sua vez, porém igualmente em uma entrevista, Drummond menciona conversa que teve com Chico Buarque de Holanda e o então embaixador da Nicarágua no Brasil, onde este diplomata questionava o teor de uma crônica do poeta

---

41 Cuadra, Pablo Antonio. "El futuro de lo que viví o soñé cuando escribía". Entrevista concedida a Floriano Martins. *José Angel Leyva og. Versos comunicantes.* México: Ediciones Alforja, 2002.

brasileiro, acusando-o de desconhecimento do que se passava naquele país centro-americano. Diz então Drummond:

Ah, tenha paciência! Eu tenho noção do que escrevo, compreendeu? Não sou partidário dos Estados Unidos, longe disso, acho a agressão à Nicarágua uma coisa estúpida. Mas não se pode negar que a Nicarágua é uma ditadura. Eles fecharam o La Prensa, onde tenho amigo, o poeta Pablo Antonio Cuadra.[42]

Mencionei aqui três importantes poetas hispano-americanos cuja obra foi cercada e provocada pelas múltiplas manifestações da vanguarda, atentando para o fato de que neles – e não somente neles, cabe acentuar – se verifica uma tensão instigante entre o épico e o lírico. Evidente que há efusões românticas, simbolistas, o falso brilho de algumas utopias, pretextos de toda ordem aproximam e afastam poéticas expressivas deste mesmo ambiente de vanguardas. Creio inesgotáveis as possibilidades de leituras comparadas entre inúmeras vozes fundamentais deste momento. A referência de Carlos Drummond de Andrade ao nicaraguense foi praticamente a única que ele fez a algum poeta hispano-americano. Houve um incidente desprezível protagonizado pelo chileno Pablo Neruda (1904-1973)[43] e a tentativa de encontro

---

42 Andrade, Carlos Drummond de. Entrevista citada [Luiz Fernando Emediato].
43 Drummond recorda este episódio em uma entrevista concedida a Edmilson Caminha, em 1984: "Neruda veio ao Rio, por assim dizer, aos cuidados do Vinicius de Moraes, de quem eu gostava muito. Almoçamos os três juntos, nós rimos, conversamos muito. Por sinal que o Neruda não falava, ele cochilava. Nesse calor do Rio ele ficava pesadão, gordo, a gente falava, falava... Até então o jornal me havia poupado, tirara fotografias minhas ao lado do Neruda e do Vinicius. Depois houve o rompimento formal e começaram a me atacar, encheram a cabeça do Neruda de coisas, dizendo que eu era um terrível. Foi então que Neruda deu uma entrevista altamente honrosa para mim, porque ele dizia que a América tinha dois traidores: González Videla e Carlos Drummond de Andrade".

buscada pelo mexicano Octavio Paz (1914-1998), ao qual Drummond se esquivou. Resistiu ainda às insistências de seu genro, argentino, por propiciar um encontro seu com Jorge Luis Borges (1899-1986), por ocasião de algumas viagens de Drummond a Buenos Aires.

Se por um lado o nicaraguense está certo em indagar quantas edições em espanhol existem da poesia de Drummond, por outro lado podemos nós, brasileiros, indagar quantas edições existem, em português, da obra dos três poetas aqui referidos: Humberto Díaz-Casanueva, César Dávila Andrade e Pablo Antonio Cuadra. Essa ausência de diálogo é o aspecto mais preocupante e que seguramente hoje dificulta – ou quase impossibilita – uma relação mais amiga entre Brasil e América hispânica em um momento político-econômico em que seguramente o destino dessas nações seria outro caso esta familiaridade cultural estivesse bem sedimentada.

São relativamente poucas as traduções de Carlos Drummond de Andrade para o idioma espanhol. Não mais do que 20 antologias foram publicadas nos 19 países de fala hispânica do continente, o que é irrisório diante de quatro livros seus traduzidos para o holandês ou cinco para o sueco. Reflete, sobretudo, o abismo cultural que separa os nossos países, aspecto que sempre constituiu uma grande festa para os sucessivos governos estadunidenses que tão bem souberam – e seguem fazendo – explorar tamanho desatino cultural. Há antologias de Drummond em países como México, Cuba, Argentina, Peru, Bolívia, Venezuela praticamente todas esgotadas, considerando época e tiragem. Mesmo avaliando e tratando de corrigir falhas de atualização bibliográfica, é ínfima a presença de Drummond no mundo referencial da literatura na América hispânica, sendo ainda mais precária a presença de poetas hispano-americanos em um âmbito brasileiro.

Um de seus tradutores, o poeta argentino Rodolfo Alonso, gentilmente cedeu um testemunho crítico da poética de Drummond para a presente edição:

> *Capaz de ser al mismo tiempo absolutamente renovador y legítimamente nacional, en el mejor sentido, el modernismo brasileño constituye una prueba evidente de la originalidad de las vanguardias latinoamericanas, tantas veces acusadas de ser mero reflejo de recursos europeos. Y, con ser originalísima, la obra de Carlos Drummond de Andrade se vuelve también significativa en ese contexto modernista, del cual constituye muy probablemente el paradigma. Popular sin demagogia, discreta sin pavoneos, distante pero cálida, precisa sin frialdad, incluso en sus comienzos abiertamente comprometida pero con tal intensidad de vida y de lenguaje que sus poemas de ese tipo continúan en vigencia y conmoviéndonos, el desarrollo de la poesía de Drummond constituyó para nosotros, y especialmente para mí, una experiencia enriquecedora. Donde lo estético y lo humano se daban como evidencia viva, lograda, cabal, y al mismo tiempo temblorosamente inerme, transida, contagiosa.*
>
> *Si pudo ofrecernos, en Procura da poesia, una lúcida, ejemplar arte poética, de luminosa inteligencia y contagiosa sensibilidad, capaz de precavernos contra toda demagogia, y que cada día cobra más justificadas dimensiones (especialmente en estos tiempos de ácida banalización y consiguiente aridez del lenguaje, inclusive cotidiano, asolado por los medios audiovisuales globalizados), ¿no es llamativo que haya logrado hacerlo después de su tocante Consideração do poema, humanísima abertura con la que abre, en los duros y crueles años que fueron de 1943 a 1945, en plena lucha mundial contra el fascismo, nada menos que un libro que quiso llamar A rosa do povo?*

> *Es la misma temblorosa precisión con que, como el torero a la hora de la verdad, en un golpe de gracia, culmina allí mismo ese otro poema imborrable: Passagem do ano, como si quisiera dar una demostración definitiva a aquel lúcido aserto de Huidobro ("el adjetivo, cuando no da vida, mata"), con estas palabras indelebles: "A vida é gorda, oleosa, mortal, sub-reptícia". No sólo calidad literaria, ni mucho menos habilidad retórica, como se ve, sino precisamente lenguaje encarnado, belleza-verdad hecha voz, inflexión y sentido. Porque, como él mismo dijo, no se trata apenas de escribir bien, de tener buenos sentimientos o buenas razones sino de "ser hombre en el poema", apenas, nada menos. Después de todo, aunque con sobria dignidad él haya aludido "razones de conciencia", ¿no habrá sido asimismo por razones estéticas que, en 1975, Drummond rechazó el bien dotado Premio de Literatura de Brasília que celebraba el aniversario de la dictadura militar?[44]*

    Rodolfo Alonso foi um dos integrantes do grupo Poesía-Buenos Aires, cuja revista homônima circulou por trinta números, de 1950 a 1960. Carlos Drummond de Andrade não somente esteve ali presente por duas vezes como também viu publicada uma breve mostra de sua poesia na coleção "Poetas del Siglo XX", na tradução de Ramiro de Casasbellas, e emprestou o título de um de seus livros, *Sentimento do mundo*, para uma outra coleção da mesma editora. Em uma das aparições na revista, inclui-se uma nota de Edgar Bayley – também como Alonso, um dos companheiros do grupo que contava ainda com a presença de Jorge Enrique Móbili, Nicolas Espiro, Wolf Roitman e

---

44 Alonso, Rodolfo. Fragmento de um depoimento prestado ao organizador do presente volume. Buenos Aires, junho de 2005.

a figura central de Raúl Gustavo Aguirre –, em que o poeta argentino observa:

> *Drummond de Andrade ha sido conciente del proceso a que ha estado sometida la palabra en los últimos tiempos. Pero esa conciencia no ha sido en él un mero modo de estar à la page o de mostrarse falsamente avanzado. Ha constituido, por lo contrario, una forma de honda honestidad consigo mismo y con los demás, un deseo de evitar cualquier trampa o fraude, de verificar por sí mismo la calidad del vino antes de darlo a beber a los otros. Su búsqueda en las formas más densas y contemporáneas del verso es, antes que una renuncia a sí mismo y a la comunicación, una voluntad personalísima de expresión creadora. Recordemos de paso una vez más que el esfuerzo del poeta por renovar las formas expresivas sólo es válido en la medida en que logra organizar la materia verbal para ponerla en función de su experiencia humana. Es el grado y la trascendencia de su temblor, y no esta o aquella fórmula retórica lo que hace, en suma, su calidad y, por ende, su novedad.*[45]

Carlos Drummond de Andrade manteve durante toda a vida um vínculo intensamente estreito com a imprensa, não somente considerando o largo período em que atuou como cronista e mesmo na direção de redação de alguns jornais, mas tendo igualmente em conta um aspecto salientado por Fábio Lucas de que praticamente a totalidade de sua obra "passou primeiramente pelo teste do periódico, somente se consolidando

---

[45] Bayley, Edgar. Revista *Poesía-Buenos Aires*. n. 15. Ediciones Poesía-Buenos Aires, 1954.

em livro posteriormente".[46] Apesar disto, criou-se um mito de rejeição de Drummond a dar entrevistas, um mito em grande parte alimentado pela frustração de quantos buscaram em vão entrevistá-lo. Para muitos, ostentar uma entrevista com o poeta assume o caráter de um prêmio, e há registro de um caso extremo, um livro em que se menciona a existência de uma entrevista com Drummond quando na verdade o que se apresenta é uma brevíssima conversa por telefone em que o poeta gentilmente se declara proibido pela médica de qualquer esforço intelectual e até sugere à pretendente que entreviste um outro poeta, indicando-lhe o nome de Dante Milano (1899-1991).

Na penúltima década do século passado surgiram, então, inúmeras entrevistas com o poeta, e não por outra razão que a exigida pela Editora Record contratualmente, de que o mais novo escritor integrado à casa tivesse participação ativa na difusão da própria obra. Durante um curtíssimo período que vai de 1984 a 1987 – ano da morte do poeta – Drummond se expôs como uma figura pública sem reservas, embora salientasse o desconforto diante de situação que defendia como desnecessária, uma vez que sempre emitira opinião – por meio da crônica, do artigo e, essencialmente, da poesia – sobre o que julgava relevante, imperativo. Foi de uma generosidade impecável, diante do pouco consistente ideário de perguntas que lhe era destinado.

---

46 Lucas, Fábio. Op. cit.

Recuemos um pouco no tempo, uma vez mais recorrendo à série de entrevistas radiofônicas que Carlos Drummond de Andrade concedeu, em 1955, à jornalista Lya Cavalcanti, aqui destacando uma passagem em que o poeta nos diz:

> *O jornalismo é escola de formação e de aperfeiçoamento para o escritor, isto é, para o indivíduo que sinta a compulsão de ser escritor. Ele ensina a concisão, a escolha das palavras, dá a noção do tamanho do texto, que não pode ser nem muito curto nem muito espichado. Em suma, o jornalismo é uma escola de clareza de linguagem, que exige antes clareza de pensamento. E proporciona o treino diário, a aprendizagem continuamente verificada. Não admite preguiça, que é o mal do literato entregue a si mesmo. O texto precisa saltar do papel, não pode ser um texto qualquer. Há páginas de jornal que são dos mais belos textos literários. E o escritor dificilmente faria se não tivesse a obrigação jornalística.*[47]

Inevitável a concordância com ele, ao mesmo tempo em que não se pode deixar de lamentar que a literatura não exerça igual influência sobre o jornalismo. Dentre as variadas entrevistas – mas quase sempre a mesma, graças à natureza das perguntas – que concedeu Carlos Drummond de Andrade, cumpre destacar aquelas que souberam extrair a clareza necessária sobre certos assuntos, a contundência cabal do pensamento do poeta, o envolvimento sem restrições no tratamento de alguns aspectos polêmicos. A primeira delas que merece destaque foi concedida a Zuenir Ventura e logo de início o poeta trata de desfazer a falsa ideia de que seja uma pessoa inacessível, recorrendo à sua atuação jornalística:

---

47 Andrade, Carlos Drummond de. *Tempo vida poesia – confissões na rádio.* Op. cit.

> *Tenho uma coluna na qual quando quero emitir uma opinião, omito. Ou uma conversa lírica ou um devaneio. Sou cronista de segundo caderno mas, em meio às amenidades, me permito reclamar contra o excesso de generais que comandam o Brasil com o título de presidente da República, assim como me permito satirizar o Congresso quando, em vez de trabalhar e de reivindicar suas próprias prerrogativas, se torna um instrumento dócil ao governo.*[48]

Esta é uma entrevista em que a exterioridade conta mais do que os meandros da criação poética, não restando ao entrevistado senão ceder a seus caprichos. O cenário nacional estava, então, inteiramente a reboque da crise política, a passagem de um prolongado regime de exceção para um novo percurso civil sendo de forma quando menos extravagante arregimentada pelas forças armadas. Em momento algum o entrevistado se recusou a dizer o que pensa, destacando:

> *Não perdi a capacidade de indignação, mas ela está misturada com o ceticismo de quem não vê perspectiva de melhora nestes próximos tempos. Há um entusiasmo da mocidade, há desejo de fazer alguma coisa, mas ela foi tão sacrificada nesses anos de revolução. Os melhores foram destruídos: ou ficaram aterrorizados para o resto da vida, ou morreram fisicamente, ou desapareceram. Houve um hiato na formação social do Brasil, houve uma geração que não pôde dizer a sua realidade.*[49]

Caberá a Edmilson Caminha realizar uma contundente entrevista com Carlos Drummond de Andrade em que aspectos, tanto no biográfico quanto no estético,

---

[48] Andrade, Carlos Drummond de. "Eu fui um homem qualquer". Entrevista concedida a Zuenir Ventura. Revista *Veja*. São Paulo, 19/11/1980.
[49] Andrade, Carlos Drummond de. Entrevista citada [Zuenir Ventura].

são tratados de forma apurada. O entrevistado revê assuntos imperativos em sua formação intelectual, discute a popularidade que lhe é conferida, traça abordagem forçosamente intransigente das condicionantes da crítica e da poesia que se praticava no Brasil, esclarece alguns tópicos controversos e já anotados em diário etc. Drummond sabia muito bem identificar oportunismos de toda ordem. Ao fazer uma leitura dos desdobramentos poéticos não via senão uma repetição já sem força alguma de atrito da influência dos "tiques do vanguardismo", tema para o qual chamou a atenção sempre que possível, o que lhe rendeu antipatias e frustradas tentativas de cooptação, e que encontramos anotado em diário desde 1957, quando ali já observa com restrição a simpatia de Manuel Bandeira pelo Concretismo:

> *Nunca vi tanto esforço de teoria para justificar essa nova forma de primitivismo, transformando pobreza imaginativa em rigor de criação. Consideram-se esgotadas as possibilidades da poesia, tal como esta foi realizada até agora, quando infinitos são os recursos da linguagem à disposição do verso, e um criador como Guimarães Rosa efetua, paralelamente, a reinvenção contínua do vocabulário português. Por que os poetas não tentam um esforço nesse rumo?* [50]

No diálogo com Edmilson Caminha, Drummond discorre acerca de influências de maneira clara e despida de qualquer pudor, a começar pela referência direta a Machado de Assis (1839-1908):

---

50 Andrade, Carlos Drummond de. *O observador no escritório*. Rio de Janeiro: Record, 1985.

> *Acho que devo a minha formação a Machado. Até hoje: quanto mais o leio, mais fico impressionado. Resolvo mesmo não ler Machado de Assis, leio quando me dá uma tentação. Mal começo a ler Machado e fico com a tendência de escrever o que ele escreveu, de imitá-lo... Quantas vezes na minha crônica – que é esvoaçante, escrita sem qualquer preparação, porque aquilo tem de ser entregue duas horas depois –, me surpreendo com tiques de linguagem, com jogos verbais de Machado... Ao lado disso, tive influências variadas: li Flaubert, Fialho de Almeida, António Nobre, Cesário Verde... Gostei muito de Eça de Queiroz, adoro Eça. Acho que, na língua portuguesa, são os dois que mais me agradam: Machado e Eça. Outra influência minha foi Anatole France. Ele era considerado um deus naquela época; depois passou de moda e agora ouço dizer que está sendo redescoberto. Mas Mário de Andrade me proibiu de ler Anatole. Dizia nas cartas: "Deixa de ler esse sujeito, é um sacana!".*[51]

Se por um lado considerava-se um profissional da crônica, era bem distinta a relação que mantinha com a poesia, e reflete prazerosamente sobre ela, anos depois, em diálogo com Gilberto Mansur:

> *Para mim, ela foi necessária e ainda o é necessária porque é uma atividade da minha vida, praticada por mim, sem interferência de alguém. Ela não obedece a qualquer interferência: eu não sou um profissional da poesia, eu convivo com ela por uma necessidade de expressão, até mesmo para fins terapêuticos, digamos: conflitos psicológicos, problemas, inquietações, dúvidas que eu tive... Então, eu acho que, na minha vida, a poesia foi uma espécie de terapia, porque eu tive uma infância mais ou menos insegura e uma mocidade também inquieta, e a resposta que eu procurei achar para os meus problemas foi esta: manifestar-me em versos, com a liberdade que o Modernismo*

---

51 Andrade, Carlos Drummond de. Entrevista concedida a Edmilson Caminha. *Palavra de escritor.* Brasília: Thesaurus, 1995 [PE – 1984].

estava assegurando. Porque, quando eu comecei, o Modernismo já tinha se manifestado. Então, eu tive assim uma certa liberdade, uma certa ausência de disciplina, que permitia me manifestar em verso de uma maneira não formal, uma maneira que não era a oficial existente no Brasil. Com isso, então, eu senti que à media em que eu ia escrevendo, eu me sentia, não digo com os problemas resolvidos, mas me sentia um pouco aliviado.

[...]

Devo dizer que eu não tinha, realmente, preocupação literária, no sentido estrito de fazer uma obra literária, de ser um poeta com livro publicado. Tanto assim que eu só publiquei o meu primeiro livro com 20 anos de idade, não tive pressa disso. Eu acho que há uma diferença entre o literato, o escritor propriamente dito, que planeja uma obra escrita, que trabalha para ela, que se documenta, que se informa, que pesquisa para realizar determinados trabalhos, e a figura do poeta que eu fiquei sendo, uma pessoa que se manifesta em versos, mas sem um programa.[52]

Drummond dará valiosa sequência ao tema, três anos depois, em diálogo com Luiz Fernando Emediato:

A minha obra literária foi determinada pela circunstância de eu ser mineiro. Mineiro do interior de Minas, uma região de mineração, onde a dificuldade de comunicação era maior do que em outras zonas do estado. Nós vivíamos ilhados. Éramos fechados por necessidade e por contingência.

[...]

---

[52] Andrade, Carlos Drummond de. Entrevista concedida a Gilberto Mansur. Revista *Status*. n. 20. São Paulo, julho de 1984.

Uma grande parte da cultura que a pessoa absorve para uma carreira literária é para não ser consumida, é só para servir de pano de fundo. Na realidade, a gente obedece a um impulso interior, à capacidade de imaginação que nós temos. Porque se fôssemos nos prender àquilo que lemos ou aprendemos nada escreveríamos. Todas as obras-primas já foram escritas. O contemporâneo não conta, a meu ver.

[...]

Eu sou inteiramente partidário da ideia da inspiração. Seja banal, antiquado, mas sem inspiração não se faz nem se escreve. A pessoa adquire a técnica de se comunicar e tem facilidade, como eu tenho, de escrever coisas. Mas aquela coisa profunda, que vem das entranhas da gente, isto é inspiração.

[...]

Quando eu estou criando um poema eu sinto uma certa exaltação física, um certo ardor. (pausa) Não, não exageremos; também não é um estado de transe, de levitação. Mas sinto uma espécie de emoção particular que me impele a escrever. E isso me surge até em horas imprevistas, diante de um espetáculo, de uma criança dormindo na rua, um cachorro mexendo o rabo, uma moça. Qualquer destas coisas pode provocar na gente um estado poético. Ao lado disso, há o lado crítico, depois.[53]

Por último, observando cronologicamente aquelas entrevistas mais relevantes, há o longo diálogo com Geneton

---

53 Andrade, Carlos Drummond de. Entrevista citada [Luiz Fernando Emediato].

Moraes Neto, que viria, ao lado de outros documentos fundamentais, a constituir um livro de indiscutível contribuição do jornalista ao conhecimento da obra e, sobretudo, do cidadão Carlos Drummond de Andrade. A entrevista foi dada poucos dias antes de sua morte. Nela vêm à tona os mesmos temas, reafirmados, e o poeta inclusive rememora a gênese do poema "No meio do caminho", que tanta polêmica havia causado à época:

> *Minha intenção era fazer apenas um poema monótono – sobretudo monótono – e com poucas palavras. Um poema repetitivo. Um poema chato mesmo. Uma brincadeira. Não tinha intenção nem de fazer uma coisa que agredisse o gosto literário nem também uma coisa que permitisse uma revolução estilística. Muito menos tinha uma intenção filosófica aludindo a dificuldade que a vida pode oferecer à pessoa. Nada disso! Apenas o seguinte: fazer um poema com poucas palavras repetidas e bastante chato, bastante árido, bastante pedregoso. Uma brincadeira! Eu tinha vinte e poucos anos e nenhuma pretensão de fazer algo que pudesse irritar os outros. Era uma brincadeira, como a gente costuma fazer quando moço.*[54]

O essencial neste poema é a confirmação – melhor seria dizer antevisão, considerando que foi um de seus primeiros poemas – de que o humor é um dos traços mais altos da poética de Carlos Drummond de Andrade. A maneira como ironia e humor se mesclam com niilismo e ceticismo aponta na direção de uma linguagem corrosiva e de um caráter conflitante. A reflexão do poeta acerca da realidade à sua volta era arrancada do próprio convívio, em grande parte relutante, com esta mesma realidade –

---
54 Andrade, Carlos Drummond de. Entrevista citada [Geneton Moraes Neto].

imagem que se dilata tanto na monotonia de uma "pedra no meio do caminho" quanto os versos com que abre um dos últimos poemas:

> *Sofrer é outro nome*
> *do ato de viver.*
> *Não há literatura*
> *que dome a onça escura.*[55]

Essa intensidade do viver, refletida no poema tanto no risco da linguagem – a maneira como se fundem verso livre e verso medido – quanto na infiltração do biográfico – um biográfico sem artifício, cabe destacar – leva Mário de Andrade a observar, quando da publicação de *Alguma poesia (1930)* que Drummond parecia estar

apenas a dois passos do sobrerrealismo, ou pelo menos daquele lirismo alucinante, livre da inteligência, em que palavras e frases vivem de uma vida sem dicionário quase, por assim dizer ininteligível, mas profunda, do mais íntimo do nosso ser, penetrando por assim dizer o impenetrável, a subconsciência, ou a inconsciência em uma vez.[56]

---

55 "Verbos", de *Farewell* [obra póstuma]. Rio de Janeiro: Record, 2002.
56 Andrade, Mário de. Correspondência datada de 01/07/1930. Op. cit. Era comum no Brasil tratar o termo "surrealismo" por "sobrerrealismo". É interessante a maneira como Mário detecta um processo de "explosões sucessivas" nesta poesia: "Dentro de cada poema as estrofes, às vezes os versos, são explosões isoladas. A sensibilidade profunda, o golpe de inteligência, a queda da timidez físico-psíquica (desculpe) se intersecionam, aos pulos, às explosões". Isto evidentemente não faz de Drummond um poeta surrealista, de modo algum. O que se percebe é que não era alheio ao que se passava à sua volta, a despeito do desinteresse apontado por João Cabral, e, sobretudo, que era possuidor – um possuidor eternamente possuído – de uma voz própria desde um primeiro momento, caso raro, jamais disposta a se submeter sequer a si mesma.

A percepção de um "lirismo alucinante" é deflagradora, naquele momento, de toda uma poética de Carlos Drummond de Andrade, e revela a ambiguidade em que mergulha – ou pela qual se vê acossado – o poeta na modernidade. Não à toa, um outro poeta, Mário Chamie, quando da publicação de *Claro enigma* (1962), observa que Drummond

> *está fora da disputa entre o inteligível e o sensível. O seu mundo é a ambiguidade direta das coisas e dos acontecimentos. A sua linguagem desenvolve a lição desses acontecimentos e dessas coisas.*[57]

A consciência de uma ambiguidade contagiava o poeta de certa tragicidade, ao ponto de Mário de Andrade lhe escrever o apontando como "o mais trágico dos nossos poetas, o único que me dá com toda a sua violência, a sensação e o sentimento do trágico". Evidente que o sentido de trágico não dá à poesia de Drummond uma conotação dramática, grandiosa ou funesta. É trágica à medida em que aborda um conflito, uma impossibilidade de relação entre ser e tempo, porém sem exaltação, despida tanto do espetacular quanto da confiança na redenção da espécie humana por algum sistema filosófico. Em uma conversa com Lygia Fernandes, diz que "a vida é bastante caótica, bastante imprevisível para ser regida por um princípio filosófico, por mais alto e perfeito que seja", e conclui:

> *Havia um humorista brasileiro, aliás, secundário, mas que durante um certo tempo alcançou sucesso no Brasil. Chamava-se Mendes Fradique. Era o autor de História do Brasil pelo Método Confuso. Tenho*

---
57 Chamie, Mário. "Ptyx", ensaio incluído em *A linguagem virtual*. São Paulo: Quíron, 1976.

a impressão de que um mundo confuso pede um método confuso. Talvez as pessoas se entendam melhor aderindo todas à confusão.[58]

O humor em Carlos Drummond de Andrade foi ficando mais negro, mais implacável, à medida em que se intensificava o diálogo com o mundo, em que se opunham experiências vitais, em que se decepcionava com aspectos que interferiam tanto no biográfico quanto na visão de mundo. Ao publicar *Sentimento do mundo* (1940), é novamente Mário de Andrade que lhe faz observação valiosa:

> *O poeta não mudou, é o mesmo, mas as vicissitudes de sua vida, novos contatos e contágios, novas experiências, lhe acrescentaram ao ser agressivo, revoltado, acuado em seu individualismo irredutível, uma grandeza nova, o sofrimento pelos homens, o sentimento do mundo.*[59]

Uma vez mais a presença da ambiguidade, em que mesmo a sátira ou a zombaria relutam em descrer completamente no homem. Essa ambiguidade não pode ser jamais entendida como um sofisma, considerando a blague típica do Modernismo. A obra de Drummond não se subordina em momento algum aos tópicos manifestos do Modernismo, antes se apropria de alguns desses traços, por sincera identificação, e lhes dá uma dimensão outra. Mário de Andrade foi seguramente seu melhor leitor, embora o tenha acompanhado por bem pouco – morreu no mesmo ano da publicação de *A rosa do povo* (1945) –, ao perceber que o dilema fundamental de

---

[58] Trecho de gravação de diálogos entre CDA e Lygia Fernandes, gentilmente cedido por esta a Geneton Moraes Neto. Op. cit.
[59] Andrade, Mário de. Correspondência datada de 15/08/1942. Op. cit.

Drummond é que não conseguia transcender a si mesmo. Essa impossibilidade é a raiz de uma das poéticas mais contundentes do século XX.

A obra de Carlos Drummond de Andrade foi estraçalhada em fases com a única tentativa de melhor retê-la, uma débil prerrogativa da crítica acadêmica em sua impossibilidade de compreender o mundo em sua totalidade. Apontava-se um poeta ideólogo, outro de aprimorada artesania, um com inclinação memorialística, o devotado a um Eros isolado do mundo etc. Tipificar assim uma poética é como mostrar-se inapto a dialogar com ela, com os meandros da escrita, incluindo os interlúdios e contradições que também a definem. Há uma parcela da crítica que compartilha esse desdobrar em fases do poeta que não atenta para o fato de que o biográfico evolui. No caso de Drummond, evolui trazendo consigo a voragem de uma época bastante conturbada e as restrições do poeta a inúmeros aspectos, dentre eles, à medida em que o tempo avança, a rejeição à figuração que lhe queriam impor, o que deixa claro ao dizer que

> *a maioria das pessoas que me consideram o maior poeta brasileiro não leu o que escrevi! Ouviu falar. Como acham que fulano de tal é o maior craque do futebol, o outro fulano é o maior compositor, o outro é o maior pintor, eu fiquei sento o maior poeta por um julgamento que não é literário: é uma opinião transmitida socialmente, mas sem nenhuma ponderação crítica. Nunca me julguei nem julgo, e digo mais: não sei qual é o maior poeta brasileiro de hoje nem de ontem. Para mim, não*

há maiores poetas. Há poetas. E cada poeta é diferente dos outros. Se não для diferente e se não transmitir uma forma particular e uma maneira especial de sentir, ver e manifestar poesia, ele não é poeta.[60]

Talvez se pudesse pensar em um sistema de fases abertas no tocante à poesia de Drummond, o emprego de um conceito que não faz parte da crítica literária, mas sim da físico-química, em que pormenores de fronteira dão passagem a outras investigações, experiências etc. Mesmo assim, esse seria um expediente científico, em violento contraste com um poeta que esteve acima das vicissitudes de ocasião. Mesmo considerando pormenores temáticos e estilísticos acrescentados a cada livro, não eram pontos excludentes que lhe antecediam, mas antes uma ampliação, o que é bastante comum em qualquer grande criador. Uma vez mais, frisar esse aspecto é reflexo unicamente de um vício de estima da poesia de Carlos Drummond de Andrade no Brasil, repetido à exaustão.

Recordemos, por último, uma deliciosa ponderação de Drummond acerca do poema longo, de que foi um dos máximos cultores no Brasil:

Confesso a você que tenho um certo fraco pelos poemas longos. Dizem – e eu acredito – que o poema deve ser curto. A música deve ser curta, tudo deve ser curto em arte para nos causar um impacto – e ficar a ressonância desse impacto na sensibilidade. Por outro lado, o poema longo tem um aspecto tentador para um poeta: sustentar a nota lírica ou a nota dramática por muito tempo. Você sabe que as tensões são rápidas, as grandes emoções são profundas e velozes; depois, ficam o cansaço,

---

60 Andrade, Carlos Drummond de. Entrevista citada [Geneton Moraes Neto].

a tristeza, a melancolia, aquele fogo da paixão desapareceu. O poema longo oferece todas essas dificuldades, a ponto de alguns dos meus serem divididos em partes, em blocos, porque a continuidade deles importaria uma certa monotonia. Eu subdivido o poema.[61]

Parece aceitável extrapolar e inferir que o poeta igualmente subdividiu a própria existência, inserindo o biográfico na mesma e intensa relação de ressonância que separa o poema curto do longo. Para ele, o grande desafio não foi propriamente viver ou escrever, mas sim sustentar a nota – fusão plena do lírico com o dramático – de um eu retorcido, um eu sinceramente comovido e que, no dizer de Paulo Rónai, "carregava consigo uma sentença de origem desconhecida, que o condenava ao mesmo tempo à estranheza e a viver entre os homens".[62]

---

61 Diálogos CDA – Lygia Fernandes. Op. cit.
62 Cançado, José Maria. Op. cit.

3

Criaturas do fogo

Max Ernst

Paul Éluard certa vez desatou uma curiosa descrição de Max Ernst: "Desenha sem pensá-lo. Fez algumas grandes telas, como todos os pintores, inclusive os mais célebres. Aos doze anos abandona seus pais e escolhe um ofício. É, então, quando começa uma nova vida". Disse isto em 1922. Posteriormente, em 1937, recordava o que chamou de "nova vida", afirmando que ela "veio para reforçar a ofensiva de Picasso contra tudo o que separa o homem de suas obras", destacando o quanto que se identifica Ernst com "aquilo que nos mostra".

Eis aí uma primeira chave para o entendimento da obra de Max Ernst, cuja abordagem tecida por Gérard Legrand nos brinda com grande lucidez, ao destacar que sua pintura "descobre (por vezes até à saciedade) os achados de uma fusão – bastante rara na arte moderna – entre o consciente e o inconsciente, ou se o preferem, entre a raiva maníaca e o abandono maravilhado que ao mesmo tempo maravilha". A Ernst interessava muito peculiarmente o bailado das associações de ideias, em que o acaso tinha uma participação decisiva. Defendia que a arte é "produto de um intercâmbio de ideias", não sendo feita por um só artista, mais sim por muitos.

O alemão Max Ernst nasceu em Brühl, em abril de 1891. Filho de um desenhista e pintor autodidata, desde cedo toma aulas de desenho com seu pai. Aos 19 anos, ao se mudar para Bonn, conhece Augusto Macke, que logo trata de apresentá-lo a Robert Delaunay e Guillaume Apollinaire. Em seguida, conhece Hans Arp, um de seus grandes amigos. Escreve, então, artigos sobre arte e teatro para a imprensa local e participa de algumas exposições coletivas. Explode a Primeira Guerra Mundial e contra ela o Dadaísmo. O mundo desenha-se propício a uma fase brutal de autoritarismos de toda ordem. Ganham corpo as ideias de propaganda e arte engajada, raízes com que foram bordados conceitos como os de alienação e indústria do entretenimento.

Depois da guerra surge o Surrealismo. Disse Artaud que "quando a guerra se vai, chega a poesia". Contudo, a guerra estava disseminada demais em todos os espíritos. Recordo aqui uma preciosa observação de Wolfgang Paalen: "As obras nas quais a guerra será completamente vencida não farão alusão a ela, da mesma forma que as obras verdadeiramente revolucionárias não mostram as bandeiras vermelhas". Também o Surrealismo esteve entranhado de guerra e um obscuro fio teceu equívocos cenários.

Ernst esteve com os surrealistas em inúmeras circunstâncias. Desenvolveu a técnica do gotejamento (*drapping*) que seria desdobrada pelo estadunidense Jackson Pollock. Conduziu outra técnica a seus instantes-limites: a *frottage*, a revelação de uma nova imagem a partir do decalcamento de uma determinada superfície. E cabe a ele, sobretudo, o estabelecimento de uma técnica essencial: a *collage*. Em todo momento, a arte vinculava-se à mistura, à fusão. Ele próprio declarou, a propósito de uma exposição em 1921, que se considerava um artista "além da pintura". Tocava a criação com tudo de si, não se prendendo a meios ou a mensagens se observados isoladamente.

Seus métodos propostos definiram todo um tratamento com que a arte moderna é hoje reconhecida entre nós. Se Pollock desdobrou o *drapping*, Magritte e Dalí passaram a pintar *collages* à mão. E o *frottage*, segundo ele próprio, seria "o equivalente verdadeiro da escritura automática". Disse Breton, em 1941, que a *collage* correspondia ao que buscaram, na poesia, Lautréamont e Rimbaud. Teríamos que retomar um sentido de mescla já aqui abordado. Se o recurso dessa fusão é provocar estranheza, já nada temos a ver especificamente com Lautréamont ou Ernst. O assombro é o barro de onde surge toda poesia. Todas as formas nascem do assombro. O mundo está fundado no assombro.

O próprio Ernst sempre defendeu que a arte é feita de vertigem, que formas vão sendo tecidas a partir de um estado de aturdimento, de uma disponibilidade para o enunciado, que nos recompensa sempre com sua prodigiosa ironia. Claro, damos nossa contribuição, o requinte singular do entendimento de formas e conceitos. A arte não é, portanto, a expressão de uma comunidade ou de um sistema. A arte exprime e define tão somente o indivíduo – este sim, naturalmente em conflito perene com seus fantasmas em trânsito por comunidades e sistemas de valores.

Ernst também esculpiu incansavelmente. Estive em uma retrospectiva de sua obra no Museu Brasileiro da Escultura (São Paulo, 1997) e as peças mostravam-se íntimas das técnicas que ele havia propiciado. Ali havia tanto de *collage* quanto de *frottage*, depuradas e propiciadoras de novos abismos. Como ele próprio disse, a expressão última da arte é uma depuração de situações perigosas, abissais, um encontro com o imprevisível despido de toda sustentação moral.

Está certo Éluard ao dizer que Max Ernst tomou a decisão de "enterrar a velha razão". Em um de seus poemas, Ernst indagava *Enfants du siècle / où sont vos trident*, diante de uma clara preocupação com a degeneração humana por que passava, então, a humanidade. O poema, escrito em 1953, pode ser hoje melhor compreendido, quando o mito foi convertido em uma expressão do efêmero. À deriva da história, o homem contemporâneo exprime apenas o vazio de sua imagem diante do espelho. É luz de refletor, incidência externa, jogo de imagens. É outra a razão de ser, ou melhor, de não ser.

Ernst envolveu-se em inúmeras aventuras. Cinema, poesia, teatro. Não se tratava de uma voracidade da evidência, mas de uma identificação pela totalidade. Foi, de fato, artista tocado pela totalidade. O reconhecimento por sua atividade incessante veio de inúmeras formas. Em 1954, recebeu o grande prêmio da XXVII Bienal de Veneza. Tê-lo aceito provocou sua exclusão do grupo surrealista. Em 1941, declarara que "os homens se tornaram horrendos e terríveis por haverem se entregado durante séculos àquela que é a mãe de todos os vícios: a confissão". Falava especificamente de um ritual da Igreja Católica. Contudo, tendo sido expulso do Surrealismo, não se pode deixar de pensar em sua confissão pública, desde os anos 20, na condição de um surrealista.

Não foi criado pela guerra. Sua arte definia-se por um princípio de ação, e não de reação. Não propôs propriamente discordâncias, e sim acréscimos. Não foi tutelado senão por uma profusão desconcertante de acentos estilísticos, na pintura, no desenho, na escultura, mesmo nos versos ocasionais. Ernst é um dos nomes cimeiros da arte neste nosso controvertido século, em que a vertigem tecnológica (ciência) busca apoderar-se uma vez mais do abismo criativo (arte).

Amedeo Modigliani

No início do século XX, a Europa é tomada de assalto por inúmeros movimentos artísticos: o inaugural Fauvismo – termo oriundo de *fauves* ("feras") –, os dois cubismos (analítico e sintético), o Futurismo, o grupo expressionista alemão Die Brücke ("A ponte"), o holandês De Stijl ("O estilo"), o furor dadaísta, até chegarmos à grande soma que sugeria o Surrealismo. Dali surgiram alguns importantes artistas, a exemplo de Henri Matisse (1869-1954), Georges Braque (1882-1963), o escultor Umberto Boccioni (1882-1916) – seguramente a grande contribuição do Futurismo –, Wassily Kandinsky (1866-1944), Piet Mondrian (1872-1944) e Marcel Duchamp (1887-1969).

Na verdade, não se trata tão somente da Europa, e sim de toda uma circunstância geral de fundamento da criação artística em todo o mundo. Tínhamos os olhos voltados para o Velho Mundo, e ali foram dar as vozes que buscavam algum reconhecimento, a exemplo do russo Kasimir Malevich e do brasileiro Vicente do Rego Monteiro, entre inúmeros outros. E mais do que para a Europa, todos iam para o centro magnético de toda a revolução artística daquela época: Paris. Não foi diferente para o italiano Amedeo Modigliani.

Nascido na Toscana, em julho de 1884, Modigliani foi desde cedo um impetuoso apaixonado pela vida, disposto por natureza a não seguir regras de espécie alguma. Sua infância dividiu com uma série de complicações de saúde e a desdobrada atenção de sua mãe, que o levava para visitar os museus. Foi assim que tornou-se aluno do estúdio de Guglielmo Micheli, um paisagista algo distanciado das tendências do que então era dado como vanguarda. O agravamento da saúde o conduz a várias cidades, sempre em busca de tratamento. A passagem por Capri, Nápoles,

Roma e Florença alia um roteiro de cura à oportunidade de dedicar-se exclusivamente ao desenho.

Sempre acompanhado por sua mãe, Modigliani segue revelando um espírito irreverente, dotado de intenso sentido de independência. Pouco afeito às aulas nos estúdios em que se inscrevia, preferia os passeios por museus. Sua última instância na Itália é Veneza, quando conhece obras do Impressionismo e, sobretudo, apaixona-se pelo Expressionismo alemão. Tem pouco mais de 20 anos e logo compreende que não pode seguir residindo na Itália. Muda-se, então, para Paris, em 1906, e logo passa a conviver com os artistas do Bateau Lavoir, um grupo que se encontrava frequentemente nas mesas do Lapin Agile, em Montmartre.

Modigliani trazia consigo alguns sinais de resistência que já o singularizavam: sua rejeição por pintar naturezas-mortas ou paisagens. Tinha uma exacerbada preocupação com o humano e buscava sua expressão justamente onde melhor poderia encontrá-la: no olhar, nos rostos, nos retratos. Paris urdia sua revolução artística. Exultantes à luz estavam os pós-impressionistas, enquanto que ardia sob a escuridão a arte rebelde, marginalizada, sobretudo no que trazia de ousadia para os padrões morais da época. Modigliani conhece, então, Brancusi (1876-1957) e Max Jacob (1876-1944), amizades que o marcariam bastante. Com Brancusi passa a aprender modelagem e escultura.

Em 1908 expõe pela primeira vez, no Salão dos Independentes, em Paris, uma vez que havia se tornado membro da Sociedade dos Artistas Independentes. Foi uma de suas raras exposições coletivas. Participa de uma mostra de telas com o português Amadeu de Souza-Cardoso, no atelier deste último, em 1910. Dois anos depois expõe no Salão de Outono, juntamente com dois outros escultores. Nova exposição, em 1917, ao lado de Picasso e alguns mais. Pequenas mostras coletivas e uma única exposição individual: a mostra de seus nus, em 1917, na galeria Berthe Weil, graças ao empenho do poeta e marchand Léopold Zborovski, um de seus mais dedicados protetores.

A exposição provocou um natural escândalo. Modigliani punha à mostra uma série de mais de vinte nus, alguns deles revelando os pelos pubianos. Na verdade, desvelava dois aspectos: o desnudamento do olhar e a irreverência diante dos temas tipicamente abordados por sua época. A cidade luz era tão conservadora quanto qualquer outra província do planeta. Os pelos nus das modelos de Modigliani faziam cair por terra toda aquela fanfarra estética de luz, sombra, cor, princípio de composição e construção de uma nova realidade, cópia ou não cópia do real etc. Modigliani dizia que as personagens de Cézanne, "como as belas estátuas antigas, não têm olhar". Descobriu na pupila uma exímia forma de contestação da moral reinante.

Não pintava nus, e sim pessoas despidas de suas máscaras sociais. O nu propiciava uma revelação do corpo, tão ocultado quanto o sentimento. Modigliani captava com exímia facilidade a expressão ulterior de cada modelo seu, tendo retratado alguns várias vezes. Era um obsessivo da condição humana. Na infância certamente tomou conhecimento dos renascentistas italianos, sobretudo Giotto (1266-1337). Um homem assim, em um século que ansiava por inovações formais, teria que ocasionar um escândalo. Modigliani não se prendia às escolas. Esteve nas noites estridentes do Cabaret Voltaire, nas mesas de todos os bares parisienses etc. É curioso observar que essa sua individualidade o deixe de fora atualmente de inúmeros estudos sobre as décadas iniciais deste século: os movimentos foram, afinal, convertidos em escolas.

Críticos de Modigliani dizem que seu alcoolismo ou o vício em haxixe foram empecilhos da aceitação de seu trabalho. Ele adorava beber enquanto pintava. Tinha uma personalidade fustigadora, de se entremear pelos olhares das pessoas, buscando seus sinais de humanidade. Uma saúde precária, uma sociedade mais ainda. Não buscava formas, e sim expressões humanas. Já havia adquirido as formas de seu dizer. Cantava quando pintava. Era um homem tomado de urgências. Pintava e bebia exaustivamente. Nada que seu tempo pudesse lhe dizer importava tanto quanto o que seguia lendo nos olhos das pessoas que pintava.

Havia largamente um tradicional equívoco em relação ao corpo. Seu sentido de movimento, e consequente erotismo, foi ressaltado por Modigliani. Ao expor uma indecente carnalidade, buscava mais do que o escândalo em torno dos pudores disfarçados da época. Modigliani revelou, no traço, na singeleza com que buscou o delineamento de seus retratos e na significação do olhar de seus modelos uma essencialidade do corpo, ou seja, uma carnalidade essencial à filosofia. Definiu assim uma erótica, em contraponto a um brutal preconceito carnal existente. Foi naturalmente considerado obsceno. Situou a importância do corpo antes que surgisse sua aceitação por vias freudianas.

Quando garoto, disse: "a beleza tem seus direitos dolorosos; cria, porém, os mais belos esforços da alma". Morreu aos 36 anos, encharcado de tuberculose, álcool e haxixe. Sua morte ocasionou o suicídio de sua esposa, logo no dia seguinte. Modigliani foi deixado de lado por várias décadas. Não se pode discutir ou propor uma nova estética quando baseada apenas em um artifício formal. Não importa quantos "-ismos" surgiram neste século. O ocidente ainda está tomado por uma Guerra Santa. Modigliani acentuou as contradições artísticas de sua época. Não esteve com grupo algum. Foi apenas Amedeo Modigliani.

Hans Arp

As duas conexões imediatas que nos desperta qualquer menção ao nome de Hans Arp (1886-1966): Dadaísmo e escultura. Segundo o *Diario Dadá*, anotado por Tristan Tzara, a formação original do grupo na Zurique de 1916 era a seguinte: Hugo Ball, Emmy Hennings, Hans Richter, Richard Huelsenbeck, Hans Arp, Marcel Janco e o próprio Tzara. As noites no Cabaret Voltaire exploravam profundamente a essência anárquica da criação artística.

Anos depois, Tzara confirmava que "a desorganização, a desorientação, a desmoralização de todos os valores admitidos eram para nós todos diretivas indiscutíveis".

Ao referir-se ao achado do termo Dadá, afirmou Arp estar "persuadido de que essa palavra não tem importância alguma", concluindo: "o que nos interessa é o espírito dadá e éramos dadá antes da existência de dadá". Arp nos surpreende sempre pela liberdade extraordinária de seu pensamento. Segundo Dawn Ades, foi um dos integrantes mais leais do movimento: "embora não tivesse muita afinidade com a violência e o alarido do Cabaret, percebera de maneira definitiva o alcance, o valor e o significado de Dadá".

Igual e intensa percepção manteve no tocante ao Surrealismo. Privilegiando sempre um acurado sentido de independência, colaborou ininterruptamente com os surrealistas, ao ponto de José Pierre dele dizer que se trata de um dos poetas mais essencialmente surrealistas, juntamente com André Breton e Benjamin Péret. A lealdade a que se reporta Dawn Ades me parece melhor aplicada a um consciente embate com as forças de seu próprio tempo. Nos anos 30, declarou rejeitar "tudo que fosse cópia ou descrição", propiciando que "o elementar e o espontâneo reagissem em plena liberdade".

Mais tarde, diria que expôs com os surrealistas "porque a sua atitude de contestação em relação à arte e sua atitude direta em relação à vida eram judiciosas, como Dadá". Interessa-lhe a arte tanto como defesa estética quanto como afirmação de caráter. Inclusive o exercício dessa consciência pode ser conferido na parte ensaística de *On my way* (1949), a belíssima edição norte-americana de seus escritos, incluída a poesia. Arp escreveu poemas originalmente em alemão e francês. Entre os diversos livros, destacamos duas edições: a alemã *Gedichte* (Verlag Benteli, 1944) e a francesa *Jours effeuillés* (Gallimard, 1966).

Arp perseguiu à exaustão a utilização eficaz de certos procedimentos, sobretudo a pontução do acaso na escolha das insólitas imagens que desatava. A essas estranhas aparições elementares, propôs uma leitura plástica – no caso da escultura – que lhes dava uma inusitada dimensão lírica. Já nos poemas, invertida a polaridade, tudo conduzia a uma plasticidade envolvente e reveladora. Nesse sentido, sua transgressão se consolida justamente na proposição de um mundo transparente, regido por uma atmosfera original de absoluta simplicidade.

Disparava as imagens mais simples e desconcertantes: "as paredes são de carne humana", "a luz da arte fala do suicídio delicioso", "as flores se vestem com relâmpagos". Assim como o chileno Vicente Huidobro, Arp buscou o reencontro do homem com a inocência original. Nisso se irmanam, aliás, o Surrealismo e o Creacionismo proposto por Huidobro. No caso de Arp, recorria a uma concretude imagética visando à destruição do concreto. Amigo do chileno, juntos escreveram *Tres novelas ejemplares* (1938), uma admirável tríade em que o bordado do humor e a exploração do acaso são componentes definitivos. A um só tempo, um simples e cristalino traçado de imagens e recursos de linguagem.

Antes que jornalistas e professores universitários tornassem o mundo irrespirável, com suas obsessões pela falsa instantaneidade e o culto à verruga das ramificações escolásticas, respectivamente ou não, abstracionistas, expressionistas e figurativistas conviviam em paz. O artista buscava, segundo sua crença estética, um território (espaço-tempo) onde pudesse expressar sua singularidade. O homem agia segundo sua natureza e a razão de ser ainda não havia perdido sentido. Segundo Arp, "quem não se opõe à natureza chega a ser beleza e espírito".

Atuando entre a poesia e a escultura, Arp teve uma importância notável, sobretudo apontando alguns preconceitos nas relações entre ambos os procedimentos. Escreveu sobre Moholy-Nagy referindo-se a uma leitura "mítica, espiritual, religiosa" de sua obra, aspectos que não eram encontrados na visão crítica de sua época. Arp foi de uma digna lucidez ao apontar o resplandecimento de "uma realidade espiritual" na pintura de Kandinsky. Assim como este, esteve sempre visceralmente apaixonado pela vida, não lhe deixando escapar qualquer possibilidade de diálogo e consequente revelação. Evocou todas as forças. Ousou por aguerrida simplicidade, descarnando toda evidência.

Arp casou-se com Sophie Tauber-Arp, também notável artista. Compartilharam inúmeras aventuras: Dadá, Surrealismo, Construtivismo, exílios, invasões nazistas durante a Segunda Guerra Mundial etc. Em situação dada como acidental, Sophie morreu intoxicada por gás carbônico, em 1942. Suíça de nascimento, em 1948 Arp colaborou com Hugo Weber na organização de uma completa edição crítica de sua obra plástica. Em poema dedicado à sua morte, refere-se a uma "cortina do dia" que "cai para ocultar os sonhos".

No turbulento andamento da segunda guerra, disse Hans Arp que o homem acabaria falando do silêncio como uma lenda. Hoje não somos senão uma sociedade composta pelo ruído excessivo de sua falta de sentido. Não há mais dúvida de que o progresso tenha derrotado o homem. Disse, então, Arp: "o homem nada tem de essencial a fazer, porém esse nada quer fazê-lo rapidamente e com um ruído sobre-humano". Anteviu tudo. Só faltou ser ouvido. Era uma época ensurdecedora. Hoje não sobrou silêncio para se ouvir alguém.

Se acaso ainda houver chance, valerá a pena ler a poesia de Arp, sua estoica simplicidade no diálogo estético com seu tempo. Arp não permitiu jamais à sua vida um estado de suspensão. A todo instante deixava-se invadir pela essência do ser. Não impôs à aventura humana medidas que não fossem afeitas à expansão do conhecimento e da vivência. Concluiu um poema com a deflagadora imagem: "as pedras têm orelhas / para comer a hora exata". Arp é uma sólida lição para este nosso tempo inteiramente falto de medidas.

4

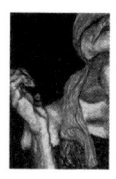

Caminhando com o espírito de Ghérasim Luca

O *Suplemento Literário de Minas Gerais*, em sua edição n. 1.301 (Belo Horizonte, abril de 2007) publicou um artigo de Augusto de Campos intitulado "Ghérasim Luca, dessurrealista". Sempre me causa boa impressão essa obsessão por negar o Surrealismo, não por seus argumentos, quase que invariavelmente falsos, mas pelo que eles creditam de atuante incômodo que parece causar a muitos a persistência do Surrealismo sobre todos os tradicionais "-ismos" das vanguardas que caracterizaram o ambiente artístico no século XX. Persistência não no sentido ortodoxo de fidelidade doutrinária, mas em sua renovação, pois não deve interessar senão como objeto de crítica tomar o pulso das repetições e diluições de qualquer tendência artística.

No caso particular deste artigo, mais do que a pressa em referir-se a Ghérasim Luca como "um ex- ou extrassurrealista", o que se destaca como ato falho é a observação de que esse poeta "parece melhor situado em um contexto mais amplo, de Gertrude Stein e Joyce à poesia concreta". Ora, mas desde quando, exceto por meia dúzia de *slogans* que se repetiram à exaustão, a poesia concreta pode ser entendida como exemplo de amplitude de algum contexto ou horizonte estético? Isto me recorda um outro artigo do mesmo autor quando, ao comentar sobre a *Revista de Antropofagia*, se apressa a dizer que seu correspondente em Paris era o "mau poeta" Benjamin Péret. Não me parece que se possa estabelecer um exemplo de antípodas de valor intrinsecamente estético entre a poesia de Péret e a de seu crítico.

O texto de Campos possui outras tonalidades que lhe são comuns, como a autorreferência e o desconhecimento daquilo que critica, aspectos psicologicamente bem interligados. No entanto, o que se destaca é a maneira como intencionalmente recorta um componente da poética de Ghérasim Luca, eliminando tudo à volta, estabelecendo, assim, um novo contexto. Já havia feito isso anteriormente em relação ao estadunidense E. E. Cummings. No quesito "autorreferência", impossível não mencionar que a terça parte – e parte inicial – do artigo em questão trata de aspectos pessoais (sua magnanimidade no encontro com "um adversário figadal": Oswaldino Marques, a indispensável referência aos amigos famosos, sempre um suporte eficaz em terra de cego), absolutamente dispensáveis para qualquer leitor minimamente culto.

Quando, enfim, se decide a comentar algo acerca do poeta romeno, o crítico brasileiro dá algumas apressadas pinceladas em seu artigo que merecem aqui uma mínima correção. Antes, porém, trato de informar alguns dados básicos sobre Ghérasim Luca (Bucareste, 1913-Paris, 1994). Graças ao amigo Dolfi Trost (1916-1966), toma conhecimento da Psicanálise logo na adolescência. Em uma de suas primeiras viagens a Paris, em 1938, por intermédio do artista Víctor Brauner (1903-1966), conhece André Breton, com quem se identifica de imediato. De volta a Bucareste ao lado de seus amigos poetas, Gellu Naum (1915-2001), Virgil Teodorescu (1909-1987) e Trost, funda o Grupo Surrealista da Romênia, em 1944 – nas palavras de Sarane Alexandrian, "o mais exuberante, mais empreendedor e, inclusive, o mais delirante do Surrealismo internacional" (*Le surréalisme et le rêve*, 1974). O ensaísta Krzysztof Fijalkowski, um dos principais estudiosos da obra de Ghérasim Luca, chama a atenção para o ano seguinte, e sintetiza seu entendimento:

> *Em 1945, o novo grupo aproveitou sem vacilação toda oportunidade para iniciar, de uma maneira frenética, sua atividade pública, editando uma extraordinária quantidade de textos e livros de conteúdo incendiário. Se iniciou, assim, um debate provocativo e, em ocasiões, violento sobre o sonho, o delírio, o amor, a morte e o acaso objetivo, tudo isto configurado dentro de um firme compromisso com o materialismo dialético, o fim da divisão de classes e a afirmação da liberdade fundamental do homem. É certo que muitos destes livros foram escritos durante os anos prévios de silêncio forçado, porém o fato de que o grupo não perdeu nem um ápice de seu ímpeto no que se refere a publicações, debates teóricos e exposições durante 1946 e 1947 (até que o regime stalinista tomou finalmente o poder, em dezembro de 1947), põe em evidência que o grupo se achava em pleno ardor.*

Em 1952, Ghérasim Luca se muda em definitivo para Paris – adotando o francês como idioma de criação – onde mantém firmemente sua relação com o Surrealismo. Ali desenvolve investigações sobre a língua, experimentando seus inconfundíveis efeitos de gagueira, sem perder de vista o que seu tradutor espanhol, Eugenio de Castro, situa como "a exaltação do amor e do desejo mediante a superação do complexo de Édipo, pela via sacrílega", e uma particularíssima leitura e prática do humor negro. No primeiro caso, a respeito do livro *L'inventeur de l'amour*, o próprio Luca menciona, em carta a Sarane Alexandrian:

> *A invisível vida edípica, ferozmente, porém exatamente descrita pelos sistemas (marxismo, freudismo, existencialismo, naturalismo…), deve ser loucamente superada por um salto formidável em uma espécie de vida na vida, de amor no amor, indescritível, indiscernível e irredutível à linguagem dos sistemas. Falo da vida e da morte não edípicas, ou seja, da negação absoluta do cordão umbilical nostálgico e regressivo, fonte distante de nossa ambivalência e nossa infelicidade.* (29/06/1947)

Quanto ao segundo caso, a presença do humor negro se verifica em sua máxima voltagem e de forma jamais encontrada em outro poeta, no livro *La mort morte*, em que o poeta romeno relata cinco tentativas de suicídio, detalhadamente descritas em uma sucessão ininterrupta de cinco dias. Os métodos empregados são por estrangulamento, arma de fogo, arma branca, envenenamento e asfixia. Seus críticos mais consistentes coincidem no fato de que os relatos de Luca não se restringem ao ambiente ficcional, considerando esta confrontação constante com a morte como uma experiência autêntica, ainda que mesclada com esta forma incisiva e refinada de humor negro.

Este livro foi escrito em 1945. Em fevereiro de 1994, Luca escreve à sua mulher comunicando-lhe a decisão de atirar-se no rio Sena. Tudo leva a crer que essa foi sua última – e então bem sucedida – tentativa de suicídio. Não se sabe ao certo o dia de sua morte, pois o corpo somente foi localizado um mês depois do comunicado à esposa.

Ghérasim Luca estreia em 1933, com um livro intitulado *Roman de dragoste*. Logo viriam outros, como *Quantitativement aimée* (1944), *La vampir passif, avec une introduction sur l'objet objectivement offert* (1945), *Un lup văzut printr-o lupă*, *Inventatorul iubirii* (incluindo *Parcurg imposibilul și de Marea Moartă*) – todos de 1945, ano em que também seriam publicados trabalhos em colaboração com o psicanalista Dolfi Trost: *Dialectique de la Dialectique – message adresee au movement surréaliste international*, e *Présentation de graphie colorée de cubomanie et d'objets, exposition, 7 janvier-28 janvier*. Estes livros seriam posteriormente publicados em francês, e a essa bibliografia se acrescentam vários outros, dentre eles, *Héros-Limite* (1953), *La Lettre* (1960), *Poésie élémentaire* (1966), *La Fin du monde* (1969), *Théâtre de Bouche* (1984), *Satyres et Satrape* (1987), a uma edição póstuma, *Le cri* (1995). Em 2001, é editado um CD duplo, *Ghérasim Luca par Ghérasim Luca*, em que se escuta a voz deste poeta em seus inúmeros recitais, cabendo aqui destacar o de 1969 (Museu de Arte Moderna, em Paris), 1973 (Instituto Franska, em Estocolmo), e 1984 (Museu de Arte Moderna, em Nova York). Dentre seus principais críticos se encontram Petre Raileanu, Sarane Alexandrian e Krzysztof Fijalkowski.

Augusto de Campos não desconhece os desdobramentos da poesia de Ghérasim Luca. O que faz é tomar proveito de uma de suas particularidades. Ao contrário do que ele define, *Héros-limite* (1953) não é seu *turning point*. A intensidade da experiência poética de Luca, que em momento algum dissociou vida e obra, se encontra em seus dois livros finais, *L'inventeur de l'amour* e *La mort morte*. Além disto, aspectos biográficos, como a mudança de nome, adoção do francês como novo idioma e as seguidas tentativas de suicídio, tudo isto estava intrinsecamente ambientado com sua defesa poética de um antiédipo. É preciso entender sem restrição o mergulho de Ghérasim Luca no lamaçal dialético da linguagem, em seus dois planos que ele corretamente entendia como inseparáveis: ser e tempo.

Krzysztof Fijalkowski situa *L'inventeur de l'amour* "não somente como o manifesto definitivo de Luca, aquele que reconcilia a intuição e a forma poética com um ardor revolucionário e desesperado, mas também como parte de uma nova cadeia de progressão e resolução dialética". E o próprio Luca se manifestou empenhado no que ele chamava de "confrontação dialética", buscando sempre levá-la "à mais delirante das verificações". Ora, é exatamente essa confrontação dialética que o conduz à exaltação da sonoridade, a partir da qual, na palavra, "ressurgem segredos sussurrados, que se escutam bem metidos em um mundo de vibração que pressupõe uma participação física simultânea à adesão mental". Não isolava a palavra, o signo, mas antes estimulava uma verdadeira orgia de sentidos, sempre à procura, como ele próprio afirmou, de "desvelar uma ressonância do ser", e tendo "como objetivo a transmutação do real". Em *Dialectique de la dialectique* (1945), livro que escreveu em colaboração com o psicanalista Dolfi Trost, expõe: "Este estado constantemente revolucionário só pode se manter e desenvolver mediante uma posição dialética de permanente negação e de uma postura de negação da negação que poderia ser capaz do maior alcance imaginável a tudo e todos". Esta "dialética da dialética" tem naturalmente um sentido bem mais amplo do que percebe Campos, ao situar a poética de Luca como "uma espécie de 'dessurrealismo' concretante". Desconcertante presunção a do concretista brasileiro, não há outra coisa a ser dita.

Exaltação do acaso e humor negro são duas vertentes máximas da poética de Ghérasim Luca. Recorria ao jogo do "palavra-puxa-palavra", mas sem deixar de fora o sentido vertiginoso do automatismo. E o fazia mesclando neologismos, palavras-valises, onomatopeias, rupturas sintáticas, longe de limitar-se, por exemplo, ao furor trocadilhesco que acabou por dar um nó cego na lírica brasileira. Leiamos aqui duas passagens do poema "Hermeticamente aberta", do livro *Héros-limite*:

Seu coração trespassado pelas balas transparentes
de minhas carícias angustiadas
sua suave metavulva
sua negra metaboca
o transplante inocente da flor de sua boca
nas terras aéreas de minhas coxas
[...]
a transmutação gigantesca perpétua e triunfante
do leite materno
em lava meteórica no metavazio substancial
em esperma em esperma e em metaesperma universal
em esperma do diamante
em esperma de teu coração
em esperma negro da metaluxúria absoluta
absolutamente luxuriosa e absolutamente absoluta

É impossível não reconhecer que a "associação intervocabular" levada a termo por Ghérasim Luca se desenvolvia, em grande parte, por livre associação – jogo de similitudes fonéticas, sim, porém intensamente pautado por aquela busca de uma poesia ao mesmo tempo "delirante e lúcida", como pretendia outro surrealista, Robert Desnos. O próprio Luca se recusava a limitar o entendimento de sua poesia a uma "operação formal". Desconhecer a presença do Surrealismo neste ambiente equivale a não reconhecer surrealismo na cabala fonética de Desnos, por exemplo. E certamente aspectos como ruptura sintática, jogos fonéticos e o bailado das palavras na página, encontrados na poesia de Mario Cesariny de Vasconcelos, seriam argumentos, dentro da ótica do concretista brasileiro, que restringiriam, ou mesmo anulariam, a influência do Surrealismo no poeta português.

O poema citado mostra que mesmo naquela passagem da poética de Luca que destaca Campos, o poeta romeno em nada se aproxima da poesia concreta, e menos ainda seus versos, postos na página "como as letras de música, ou como os textos de Gertrude Stein, parecem descuidados", como afirma o brasileiro. Não farei aqui a defesa de Gertrude Stein, por mais que seja devida. Que outro se habilite. Reitero apenas que este livro, *Héros-limite*, possui um tom distinto de *L'inventeur de l'amour*, que inclusive confirma as ideias defendidas pelo grupo surrealista romeno de uma ampla erotização do indivíduo e da sociedade. É suficiente lembrar o que bem anotou Fijalkowski, que os surrealistas romenos "conceberam os conceitos de objetivação do amor e erotização do proletariado como objetivos concretos, mais do que puramente imaginativos".

Mesmo nesse poema já se pode sentir a intensa vibração de um ouvido para os sussurros dos grandes abismos da existência humana. Uma intensidade que leva ao limite em toda a extensão de sua obra, envolvendo amor, erotismo, sonho, humor negro, todos estes inegáveis componentes do Surrealismo, em uma orgia de imagens que se enriquecem à medida que afirmam o quanto estão vivas, atuantes, dentro do mundo, dentro de nós. Luca é um poeta sempre vertiginoso, e se comunica com um sentido extraordinário de velocidade, utilizando-se de todos os vícios da linguagem, gafes, cortes, gagueiras, ruídos, e a partir dali fazendo ecoar sua indignação, o esplendor de sua crítica a toda uma sociedade, marcada por visível estímulo subversivo. E em momento algum se distancia de uma voz intensamente sensual, como vemos na parte conclusiva de seu belo poema "Sonho em ação":

> [...] *teus pés sobre meu peito*
> *meu peito em teus olhos teus olhos*
> *no bosque o bosque líquido*
> *líquido e de osso os ossos de meu grito*
> *eu arranho e grito minha linguagem inquietante*
> *eu desmembro teus braços teus braços*
> *delirantes eu desejo e desmembro teus braços e tuas médias*
> *abaixo e acima de teu corpo estremecido*
> *estremecido e puro puro como*
> *a ducha como a ducha de teu pescoço pescoço de*
> *tuas pálpebras as pálpebras de teu sangue*
> *teu sangue acariciando palpitando estremecendo-se*
> *estremecida e pura pura como a flor*
> *flor de teus joelhos de teus cotovelos de*
> *tua respiração de teu estômago eu digo*
> *estômago porém estou pensando na escuridão*
> *da escuridão da sombra sombra do*
> *segredo o maravilhoso segredo maravilhoso*
> *como tu*
> *tu caminhando adormecida sob o guarda-chuva e sombra*
> *sombra e diamante é um*
> *diamante que nada que nada esplendidamente*
> *tu nadas esplendidamente na água de*
> *matéria da matéria de meu espírito*
> *no espírito de meu corpo no corpo*
> *de meus sonhos de meus sonhos em ação*

Curiosamente o poeta brasileiro não percebe a visão de mundo de Ghérasim Luca, nem que este ambientou alguns de seus poemas no que Gilles Deleuze definiu como "efeitos da gagueira", no sentido de alertar o quanto as sociedades modernas se tornaram vítimas de seu próprio fascínio basbaque pelos efeitos de linguagem. O Concretismo é parte desse fascínio desassistido de uma crítica essencial, a exemplo dos pontos altos das vanguardas no século XX, no que diz respeito à sociedade burguesa.

Com grande acerto o poeta português Nicolau Saião o aproxima daquele ritmo encantatório de certa oralidade ambientada nos Estados Unidos a partir da *Beat Generation*, especialmente no caso de Allen Ginsberg. Em minhas conversas com Saião, ele acentuou esse "modo de recitação", de Ghérasim Luca, relacionando-o com as vociferações mântricas de Ginsberg:

> *Creio que é nestes dois pontos, assim epigrafados, que reside alguma confusão, ou o equívoco, em o quererem aproximar da corrente concreta, se não mesmo letrista. Porque Ghérasim Luca, surrealista absoluto, posto que viajando nas diversas direções que os pontos cardeais contêm, tem é a ver com a recitação que em uma ampla linha reta, mesmo que quebrada pela raiz dos tempos, vem da Grécia e dos coros dos seus mestres teatrólogos.*

Também conversei com o tradutor espanhol de Ghérasim Luca, o poeta Eugenio de Castro, que assim se referiu ao tema:

> *O argumento de que Luca era "ex-surrealista" ou "extrassurrealista" somente cabe entendê-lo como a expressão de uma dinâmica hoje mundialmente estendida de revisar a história e falseá-la com palavras que são as dos amos, sempre dispostas a sepultar as palavras da liberdade com a total retificação do sentido original das coisas, dos homens e mulheres e sua verdade. É uma insensatez dirigir-se assim a Luca e apresentá-lo nesses*

termos, e uma indignidade, além do que, se este senhor não avança em seu argumento demonstra tanto ignorância quanto má fé.

A julgar pela obra, depoimentos e pela fortuna crítica a seu respeito, seria correto afirmar que Ghérasim Luca jamais concordaria com uma única palavra do concretista brasileiro e, seguramente, o consideraria um maquinador de pouca eficácia. Este, ainda no texto em questão, insiste que a poesia do surrealista romeno "materializa o sonho e des-surrealiza a mecânica do Surrealismo discursivo". Ou seja, limita-se à leitura preconceituosa do Surrealismo, além de paralisá-lo no tempo, sem atentar para sua renovação. Para onde nos levou a mecânica frígida do Concretismo? Augusto de Campos entrou na poesia brasileira pela porta do Parnasianismo e será por ela que sairá, a seu devido tempo e sem fatura consistente. Fez meia dúzia de seguidores que se enquadram em um circuito afeito à barbárie intelectual. Pela ausência de obra de relevo, sobrevive graças a recriminações, como esta que faço, toda vez que surge a exercitar sua política discricionária.

Augusto de Campos não se manifesta em momento algum em relação ao desastre político a que parece estar *condenado* o Brasil porque ele é parte disso. É parte dessa referida barbárie que condena qualquer ação, por covardia de enfrentar a realidade, e a restringe a um plano falsamente estético. A beleza não se dissocia do caráter. Uma imagem se mostra de várias maneiras. Posso tocá-la na voz, na letra, no muro, não importa. O essencial é que reflita uma existência ali por trás, nos bastidores. A linguagem é essencialmente o reflexo do homem. Inventar um mundo onde a poética se restrinja a um efeito de linguagem, a seu malabarismo formal, é algo tipicamente de quem teme ser confundido com um de nós.

5

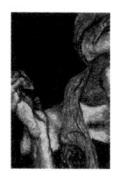

Um outro não menos Cabral

Há um desafio implícito ao se escrever sobre João Cabral de Melo Neto (1920-1998). Não por que já se tenha dito tudo sobre esse poeta, mas antes pelo fato de que tudo aquilo que foi dito sobre ele o foi sempre sob um mesmo ângulo, cuja massa crítica constitui parcialmente aquela cantilena tão desprezível a ele próprio.

A publicação de uma 2ª edição revista e ampliada de *João Cabral: a poesia do menos* (Topbooks, 1999), de autoria de Antônio Carlos Secchin, difere em algum sentido desse acúmulo de dizeres reiterativos a respeito do autor de *A escola das facas* (1980), e se junta, neste particular, a outro largo estudo, *A página branca e o deserto. Luta pela expressão em JCMN* (1959), assinado por Othon Moacyr Garcia.

João Cabral sempre teceu sua escritura poética baseada em um rigor da linguagem, rigor tão obsessivo que por vezes o terá conduzido à sensação de esterilidade. É poeta que sempre defendeu a essencialidade da ideia fixa. Em nome dessa obsessão, obstáculo que impôs a si com clara consciência, firmou, sobretudo, uma ética peculiar, ética de exceção. Tanto que se considerava estranho à tradição luso-brasileira, "tão marginal como Sousândrade e Augusto dos Anjos".

Em algo seu processo criador recorda o do chileno Humberto Díaz-Casanueva (1907-1992), vindo exatamente da obsessão por um rigor sob o risco constante da esterilidade. Os dois, para dizer com o chileno, podem "dar conta de cada imagem ou ideia poética e da razão de sua existência". Diz Cabral que impede "tanto quanto possível" a ação do inconsciente sobre sua mão. Já Díaz-Casanueva salienta: "às vezes sinto uma facilidade suspeitosa e me invadem ritmos e até rimas".

Mais conjunções será possível encontrar em inúmeras afirmações de ambos, sendo inquestionável ao menos uma disjunção: a obra poética de cada um. Poetas que lidaram com o acento arriscado de um rigor construtivo, demasiado cerebral, foram ambos herméticos, porém diferem no aspecto órfico e visionário que encontramos no chileno e que o brasileiro, salvo em algumas imagens destacadas por Secchin em *Pedra do sono* (1941), raramente alcançaria.

Díaz-Casanueva estava ciente de que a obsessão por anular a subjetividade no ato poético implicava no risco de extravio da lucidez e na consequente perda do poder de comunicação, como destaca Guillermo Sucre em ensaio sobre o autor de *Vigilia por dentro* (1931). Está claro que a recusa de um componente subjetivo na poesia de Cabral tem a ver com o que Sebastião Uchoa Leite apontou como sendo uma "opção antirromântica". O próprio poeta dispara: "a maior desgraça que aconteceu para a humanidade talvez tenha sido o Romantismo", observação curiosa, uma vez que Cabral elevou ao paroxismo sua obsessão construtivista.

O livro de Secchin traz ao final uma memorável entrevista com João Cabral, em que não se limita o entrevistador a repetir a fórmula de outros diálogos com o poeta pernambucano. Dele extrai com exímia sutileza algumas pedras novas, ou as mesmas, em distinto polimento. Entre elas, a de que a poesia de Valéry sempre lhe "pareceu secundária, uma espécie de Mallarmé passado por água", o que contrasta com o entendimento de Othon M. Garcia, de que há em Cabral "uma influência muito viva de Valéry". Diz ainda Cabral: "O que me interessava nela era a explicação teórica de Mallarmé, seu mestre. Só que a poesia deste conduziu a um beco sem saída. Todos os que se influenciaram por ele deram um ou dois passos atrás". É inevitável abordar que o mesmo que diz Cabral acerca de Valéry pode ser observado na poesia brasileira surgida a partir do autor de *O cão sem plumas* (1950), ou seja, todos aqueles poetas diretamente influenciados por Cabral "deram um ou dois passos atrás" em relação ao que já havíamos conquistado.

Além disso, uma digressão justificada nos remete a um falseamento do real significado da obra de Cabral, em que a defesa da poesia como uma construção verbal foi confundida com um abandono do sentido, uma displicência no tocante à ideologia da escrita, ou seja, uma dimensão ontológica. A imagem poética de alguma forma foi desmembrada da experiência de vida. Não se responsabiliza aqui a aposta de João Cabral, mas sim uma leitura desfocada, algo intencional, do tema. A poesia é construção verbal, sim, porém carregada de sentidos.

De volta à abordagem de Othon M. Garcia, certamente em 1958, quando preparou seu ensaio, não encontrava ainda razões para observar a dissensão entre Cabral e Valéry. Na ocasião, por exemplo, mencionava que a inspiração e o acaso eram aspectos importantes na construção da poética cabralina, o que foi terminantemente minimizado pelo próprio poeta em inúmeras ocasiões.

Cabral sempre foi um turrão diante de determinados temas. Soa risível, por exemplo, seu entendimento de que Gaudí era um antiarquiteto pelo fato de não haver traçado plantas. Disse certa vez: "pouca coisa ele desenhava e previa". Niemeyer rigorosamente planejou vãos onde o homem é uma irrelevância, basta ver a dificuldade de deslocamento a pé no interior de seu dimensionamento arquitetônico.

E o afirmava ao mesmo tempo em que considerava Juan Miró "um instintivo puro", contrapondo-o a um Picasso por demais preso aos "princípios de composição do Renascimento". Vale recordar que Miró chegou a referir-se a uma impossibilidade de falar de sua pintura, pois a tinha como nascida "no estado de alucinação que provoca um choque qualquer, objetivo ou subjetivo, e do qual sou totalmente irresponsável".

Revela Cabral a Secchin: "Escrever para mim é um sofrimento", o que me lembra observação do guatemalteco Luis Cardoza y Aragón sobre Antonin Artaud: "A lucidez foi seu maior sofrimento. Sua lucidez antecede e origina a fadiga". Não se pode dizer de Artaud que tenha buscado menos sofregamente que Cabral uma ética da linguagem. Também não se pode evitar menção à presença de uma fadiga na obra de Cabral.

O que este não conseguiu? O que recorta com precioso olhar Guillermo Sucre acerca de Humberto Díaz-Casanueva: uma simultaneidade entre "consciência desértica" e "aventura desmesurada", de certa forma aquilo de que nos dava conta, ainda que em estado embrionário, a estreia com *Pedra do sono*. Nessa obsessão por um estado de exceção, desfez-se de uma ideia já burilada em um poema, de "que o homem / é sempre a melhor medida", desprendendo a vida do corpo da vida do espírito, para recorrer a uma imagem de Othon M. Garcia.

A leitura da poesia de Cabral levada a termo por Antônio Carlos Secchin tem sua particularidade ao salientar que se trata de "uma poesia sutilmente confessional, urdindo uma espécie de autobiografia em 3ª pessoa", ao mesmo tempo em que destaca sua hostilidade aos "espasmos da comiseração". Discordo, entretanto, do vínculo traçado entre lirismo e *facilismo*, entendido este último como uma distensão do arco.

No decorrer de todo o livro, Secchin desmonta verso a verso a relojoaria cabralina, apontando os zelos felizes e sugerindo algumas mazelas. Trata-se da melhor abordagem, do ponto de vista de uma crítica literária, acerca da obra de João Cabral, que permite nas entrelinhas a compreensão das anotações que faço aqui, ao mesmo tempo em que não segue a trilha tendenciosa de parte considerável da bibliografia sobre o poeta.

6

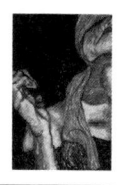

A poesia de José Santiago Naud

José Santiago Naud é, talvez, o poeta de melhor convívio com o espectro cósmico e mítico nos meandros de uma lírica brasileira. A sua poesia é intensamente religiosa e une o sagrado ao espírito humano, assimilando diferenças, polindo confluências, evocando os elementos visíveis e invisíveis, nostálgicos e visionários, díspares e consensuais, para uma festa de sentidos muito além da simplificação esquemática de nossa tradição, que se satisfaz, sob certos aspectos, em opor Drummond a Cabral, logo descartando o primeiro. Santiago Naud, ao contrário, bem sabe o poder da soma e também nisto nos dá uma grande lição. Sua poesia faz surgir entre nós todos os nomes da Musa, seus truques de linguagem, máscaras rituais e vestes íntimas do espírito. Nada lhe escapa em nossa memória de testemunhos poéticos. Recorre a todos os elementos a seu dispor, mergulhando e trazendo à tona figuras inquietas de sonhos e visões. Não como sinal de conquista, antes pautado pela generosidade, por um rigor expansivo.

Como ele próprio refere em um poema do livro *Ofício humano* (1966), "querer ter é avareza". Trata-se de uma poesia que elude os vícios da posse. Sua excelência está no convívio. Porém tal convivência se fortalece justamente ao mesclar ciclos, ao povoar o poema de silêncio e vozerio, ascetismo e sensualidade, suspeições e clarezas. Mesmo ao dizer de Jorge de Lima que "provavelmente, com Carlos Drummond de Andrade, é o poeta brasileiro mais presente em minhas inquietações poéticas", mesmo aí, sabemos a força da abrangência, pela própria profundidade do ato poético dado à luz de nossa lírica por ambos os poetas. E tal menção cumpre ainda com o notável ofício de chamar a atenção para a importância da obra de Jorge de Lima dentre as vozes mais fundamentais da poesia em língua portuguesa, porém não sem violenta injustiça quase de todo esquecido das novas gerações brasileiras.

Essa carência de influência orquestrada por um silêncio que une o relapso ao intencional é algo que também se verifica em relação à própria circulação da obra de Santiago Naud. Deficitária em grande parte pela ausência de distribuição fora de Brasília, cidade na qual seus livros vêm sendo editados nos últimos 30 anos. Aspecto agravado pela condição esgotada da maior parte dos livros e pela ausência em meio editorial brasileiro de alguns de seus principais títulos, publicados no exterior: *Conhecimento a Oeste* (Portugal, 1974), *Dos nomes* (Argentina, 1977), *HB Promontorio milenario* (Panamá,

1983) e *Piedra Azteca* (México, 1985). Esse último, um desses exemplos engrandecedores de qualquer tradição lírica e, no entanto, do total desconhecimento de leitores brasileiros, sem esquecer que entre esses leitores se encontram também nossos poetas, de toda estirpe e inquietude.

Piedra Azteca – com seu trevo de cinco pétalas, sua arquitetura de cinco cantos ou capítulos – abriga em suas nervuras um interessante diálogo com o Drummond aqui já referido, sucedendo-o em sua evocação dos mitos urgentes. Diálogo amplificado em surpreendente direção com um outro poeta, o mexicano José Gorostiza, portas abertas à altura e à síntese de duas poéticas entranháveis, medulares e transcendentes, configurando um particular rito de convivência entre duas culturas, realçado pela própria residência de Santiago Naud em ambos os países. O extenso poema que compõe o livro – cuja superfície aponta na direção de uma visita ao mito ou celebração do milagre de Guadalupe – reflete um domínio alquímico, em que a Pedra de Roseta transfigura-se na forma de uma obsidiana, por sua vez transmudando-se, a cada canto, em faca, punhal, fio, língua, borboleta, sem perder o espírito mineral, mas adentrando círculos e profundidades em busca de novos contrários que possa remir unificando. Viagem plena das formas que se descobrem e restaram no convívio. Viagem insolente da ressurreição após cada sítio extraviado, "assim como alguém passa / depois de tudo perdido / e leva o nome trocado". A própria construção do poema, ao recorrer a uma prática de espirais no entalhe de palavras e sentidos, modula um instigante desafio entre o repetir e o refletir, desdobrando-se em múltiplos sentidos alcançados a partir da ação de um verbo no outro.

Piedra Azteca confirma a condição visionária da poética de Santiago Naud, enlaçando-se no esplendor de suas imagens com um livro que lhe é vizinho no tempo, *HB Promontorio milenario*, luminoso colóquio com uma pintura homônima do panamenho Adriano Herrerabarría. Acerta Mario Augusto Rodríguez ao dizer que se trata de "uma obra de alucinantes sensações interiores, que parece desafiar a interpretação do espectador, com o denso conteúdo de um passado transido de valores culturais, em permanente rumo até o futuro".[63] Também aqui o tema definido e evocado transfigura-se e gera novos matizes. A densidade florestal da pintura de Herrerabarría frutifica nas mãos do verbo de Santiago Naud, na forma de uma vegetação espiritual: "este eterno segredo / das dobras do tempo, / a madeira apodrecida gotejando em convulsão / o sêmen desprezado, os ódios ressentidos / e o ritual iludindo / os livres, que não somos". Uma vez mais se encontra plenamente postulada a vertigem criativa apontada em *Piedra Azteca*, o episódio barroco da viagem de "um olho dentro do olho / de outro olho / no outro, original". Tive a oportunidade de conhecer parte da obra do artista panamenho que, de alguma maneira, entranha e descortina substanciosa fatia da

---

63 Mario Augusto Rodriguez. "Un cuadro y un poema". Artigo publicado no jornal *La República*. Panamá, 25/11/1983.

poética de Santiago Naud. Ao destacar estes dois livros, contudo, o fiz menos movido pela intenção de diferi-los dos demais do que pela simples razão de se tratarem de obras até aqui não publicadas no Brasil.

Estou de acordo com o poeta quando afirma não haver em sua poesia reorientações ou rupturas em termos essenciais de suas inquietudes. Suas transformações internas conduzem-se pelo mito das metamorfoses e não pela perda de guia, norte ou solidez. Ele próprio confirma: "As leituras posteriores, as experiências vitais, a leitura de outros poetas e, principalmente, o estudo da mitologia universal me foram desvelando os símbolos que eu havia fixado inconscientemente em versos e que pertencem não ao meu inconsciente, pois vinham de algo maior – um inconsciente coletivo, quem sabe?".[64] Em preciosa complementação, avulta que "a forma, a sintaxe e a lógica que busquei, a par de se comprometerem com a linha histórica, com a poesia escrita em língua portuguesa, enraízam no primeiro livro e tratam, nos subsequentes, de esclarecer a emoção que, subjetivamente, me justifica como consciência individual ou membro específico do grupo a que pertenço. Seria uma atividade solar, busca da luz que faz uno o diverso, e vice-versa".

A obra de José Santiago Naud foi tecida de forma visionária, obsessiva e profética. Toda ela transcorre sempre em busca daquele que até hoje se configura como seu livro essencial e misterioso, que jamais

---

[64] "A organicidade da poesia brasileira não encontra correspondência na crítica literária", entrevista concedida a Danilo Gomes. *Suplemento Literário Minas Gerais*. Belo Horizonte, 10/06/1978.

se mostrou na íntegra, sabendo guardar-se parcialmente em mistério, idêntico mistério que o poeta tornou componente queimante e inestimável de sua poética. Refiro-me a *Cara de cão*, cujas parcelas publicadas até então – *Dos nomes* (1977), *Vez de Eros* (1987), *Memórias de signos* (1994) e *Os avessos do espelho* (1996) – repercutem intensa relação entre memória e antevisão de mundo. Relação desfiada como uma viagem incansável, em que o poeta se sente "trespassado pelo Verbo / e salivado por seres estranhos". De uma margem ou outra do tempo, há toda uma colheita de imagens que são resíduos que foram se acumulando ao longo da vida do próprio poeta, o que naturalmente inclui antecedentes e utopias, ancestralidade do ser humano e potencialidade de sua errância sobre a Terra.

Tais resíduos se multiplicam e repetem, configurando o estilo, mas essencialmente anotando um fundamento que não se limita ao jogo semântico, cuja advertência caprichosa encontramos em um verso que diz: "toquei de novo o nome / em que tudo outra vez se pode repetir", sendo esta a autêntica vibração alquímica da poesia de Santiago Naud. Não à toa, o poeta aclara:

> *Para mim, a poesia corporiza um ato supremo de ociosidade e trabalho. É como deixar-se levar na correnteza da vida, com todo o seu mistério de maravilhas e horror, ou lavrar como o ouro nas profundezas da terra, precipitação mineral de pureza máxima e infensa ao tempo, às traças ou à ferrugem.*[65]

---

65 "Preâmbulo". *Antologia pessoal*. Brasília: Thesaurus, 2001.

As associações apanhadas nessa profusão mineral de sons, imagens, sentidos, entretecendo-se sem rejeitar contradições, dissonâncias, desvarios, encontram neste poeta uma rara expressão de grandeza que é, ao mesmo tempo, o retrato mais terrível da condição humana. O erótico entrançado com o vozerio encoberto das ruas e becos, o coloquial exposto de forma ostensiva, provocativo em sua luxúria, porém jamais percebido como uma vulgaridade. Dispor-se ao perigo magnífico de lembrar ao angelical seu alcance terreno. Interligar os contrários por analogias arriscadas. Não limitar-se ao lírico, ao mesmo tempo sem deixar de ser profundamente lírico. Poesia complexa na mecânica sinfônica em que está tecida, porém fluente na opção de sua entrega. Seus códigos não são fechados, indecifráveis. A sucessão de mistérios que destaca não a torna incomunicável, ao contrário: alimenta a fome do leitor por impulsos de participação, convívio, aprendizagem, com esse campo insondável que é tão tangível e intangível quanto a vida de cada um de nós.

Ao mesclar mundo prosaico e atmosfera fantástica (o mundo prodigioso da imaginação), Drummond alcançou mais do que ninguém na poesia brasileira um grau de sensibilidade que nos permitiu rever nossas ideias acerca do real e seu suspeitoso estado contrário. Santiago Naud recolheu bem a lição e deu-lhe, entremeando sequência e consequência, um sabor singular, ao dissipar outra fronteira; a que separa o lírico do épico. *Em vez de Eros*, livro que recorda a tessitura de um labirinto, uma de suas passagens assim se inicia: "Ponho um dragão no teu vestido! / Por baixo do pano a tua pele eriça / e enrija, estremecida, / e vai um pouco abrindo / os abismos da infância". Na forma de um dragão ali está posto o real, o imaginário, o lírico e o épico. A infância provocada é a da própria espécie humana. A subjetividade é uma fonte inestimável de acesso ao coletivo. Todo este livro, por exemplo, nos ensina que é plenamente possível romper as barreiras entre gêneros sem precisar contestar tradição alguma, e sem promover tal atitude à condição de uma vanguarda, ocasional como qualquer uma.

      O próprio poeta gosta sempre de recordar que a improvisação dos repentistas foi o primeiro impulso a levar-lhe à escrita. Por ali sentiu as primeiras essências dos pomares da língua, o português de uma margem e outra do Atlântico. Raros poetas no Brasil entregam-se a tal mergulho em duas águas com a intensidade com que o faz Santiago Naud. Não há retórica em seu diálogo com essa nossa contradição linguística. Assim a defino porque na língua é que se encontram as raízes de nossas ambiguidades. No fundo, talvez não seja a cultura portuguesa que rejeitamos, e sim a língua. A rejeição isoladamente não constrói uma realidade. A improvisação em Santiago Naud alcança um particular sentido de entrega ao mistério. Ela própria, com sua organização nervosa ou sua energia organizada, reconhece as estações rítmicas, semânticas, os planos de reconhecimento de leitos ou estratégias de transposição de cursos, inquietudes, decepções. Trata-se de uma poética caudalosa, porém consciente de sua volúpia, e com um inestimável aproveitamento estético desse espírito irrefreável.

Recordo-me disso movido por uma carta que em 1963 lhe enviou Drummond. Ali dizia: "Sua poesia tem esse dom de extensibilidade; ela prolonga os temas e as visões, não se satisfaz com o mistério captado". A extensão do verso em Santiago Naud reflete a intensidade com que incorpora domínios e demônios da linguagem. É um refinamento, antes de ser um desmazelo. O verso longo, por alguma inadvertência, foi excomungado no Brasil como uma heresia. Em parte vem daí a rejeição irreflexiva que nossos poetas cultuam em quase sigilo em relação à poesia que se faz na América hispânica. Não se pode opor Celan a Rilke tomando por fórum a extensão do verso. A síntese, quando evocada com um metro nas mãos, pode expressar simplesmente uma falta do que dizer. A linguagem, a forma de expressão, legítima ou afetada, independente do metro.

É fato que a poesia de Santiago Naud "prolonga os temas e as visões". De alguma maneira recorre a uma fonte barroca que é a mesma que animava a poesia de Drummond. Ou de Jorge de Lima. Ou de Murilo Mendes. Dá-lhe, no entanto, tratamento distinto à nascente. Já não lhe cabe ser deliberado ou irrevogável em uma instância mítica ou social, lúcida ou delirante. Não se sente incomodado com uma estrutura vigente em isolado. Quer romper com a própria natureza humana e não apenas com uma parcela de seus caprichos. Eis a franca ousadia desta poesia. Por isto que não importa – sinceramente não importa – opor seus méritos ou equívocos aos rumos traçados por seus pares geracionais. Poetas brasileiros nascidos na década de 30 constituem – segundo meu entendimento – o mais alto grau de nossa perspectiva de entrada em um ambiente internacional insultado pelo conhecido ciclo das vanguardas. Alguns desses poetas corrigem com naturalidade os equívocos de nosso Modernismo e o fazem com uma propriedade ainda hoje não considerada, cuja raiz é a mesma de todas as nossas volubilidades.

A poesia de Santiago Naud nos diz que somos parte de alguma coisa. Que não avançamos enquanto não identificamos a origem. Que as mil cabeças do mito, qualquer que seja ele, não podem refletir pura e simplesmente uma sujeição à história. Que temos que percebê-la, recebê-la da maneira como se apresenta, porém com o espírito preparado para que salte dentro de nós, que se descubra em nós, que faça parte de nós, as mil cabeças sendo nossas, as nossas. O verbo se lança nu no espaço, exposto às variações e dissidências. Estamos todos em um grande salão. Até mesmo as ilusões semânticas confidenciam sua fragilidade e seguem na festa. Estamos sem disfarce. Todos somos filhos da mesma urgência. Os símbolos ganham um novo diapasão. Mas que ninguém se iluda. O mistério tem outro nome. Sempre.

7

Marcel Schwob:
os segredos da imaginação

Disse Marcel Schwob que "o livro que descrevesse um homem em todas as suas anomalias seria uma obra de arte". Decerto tinha em mente uma outra ideia que defendia o dramaturgo Henrik Ibsen, a de que "viver é combater contra os seres fantásticos que nascem nas câmaras secretas de nosso coração e de nosso cérebro". Schwob buscou com todas as suas forças a revelação assombrosa do que ele próprio chamara de "um caos de traços humanos".

Livros como *Vidas imaginárias* e *A cruzada das crianças* – ambos publicados em 1896 –, importam sobremaneira pela confirmação de uma estética que estabelece um diálogo vital entre arte e imaginação. Schwob repudiava todo instinto de imitação. Sua aventura exaltava o abismo, o profundo mergulho no desconhecido para dali retornar o homem, senão curado de si mesmo, ao menos fortalecido pelo reconhecimento de sua perversão intrínseca.

Nascido em Chaville, em 1867, o francês Marcel Schwob foi um dos mais consistentes autores vinculados ao Simbolismo. Desde cedo, na infância transcorrida em Nantes, conviveu com dois outros idiomas: o inglês e o alemão. Tinha por tio um bibliotecário e orientalista bastante prestigiado, Léon Cahun, que o auxiliou em muitas de suas traduções de Catulo, Petrônio e Anacreonte. O convívio com o tio e os milhares de livros, aliado à sua contagiante inquietude, invocaram os impulsos da imaginação, levando-o a escrever desde cedo e já de maneira singular.

Leitor voraz e austero, logo trata de aprender outros idiomas, entre eles o grego e o sânscrito. Escrevendo, sem distinção hierárquica, poemas, contos, crônicas, ensaios, e a eles acrescentando suas inúmeras traduções, Schwob vai despontando rapidamente como grande expressão de um período dado como decadentista. Sua residência em Paris revela fortes amizades e uma trilha favorável de ações. Tornam-se regulares suas colaborações para dois destacados órgãos da imprensa parisiense: *L'Evénément* e *L'Echo de Paris*. Neste último, chega a promover escritores mais jovens, a exemplo de Jules Renard e Paul Verlaine.

Em 1892, publica seu primeiro livro de contos, *Couer double*, que traz uma significativa dedicatória a Robert Louis Stevenson. Logo em seguida surgem *O rei da máscara de ouro* (1893) e *Le livre de Monelle* – livro que será reeditado em 1903 sob o título *La lampe de Psyché* –, publicações que são recebidas pela crítica como obra de um escritor já maduro, apesar de seus incompletos 30 anos.

A edição de *Mimes* (poemas) é considerada uma pequena obra-prima. Passa, então, a colaborar com o *Mercure de France*, o mais importante veículo de imprensa naquele momento. E casa-se com a atriz Marguerite Moreno.

A afinidade com o Simbolismo propicia o desenho sugestivo de uma palavra secreta, vinculando-o aos estudos do Ocultismo e às consequentes sessões dos salões da Rosa Cruz na Paris finissecular. Era considerado o poeta do maravilhoso e foi de importância reconhecida para a firmação estética de autores como Oscar Wilde e Alfred Jarry. Mantém correspondência com George Meredith e Paul Valéry. Constantemente ressalta seu interesse maior: escrever um grande livro sobre François Villon. Publica, então, *Spicilège* (1896), série de ensaios já difundidos na imprensa. Contrai uma infecção pulmonar que o levará à morte em 1905, não sem antes empreender algumas estimulantes viagens de navio pela península ibérica. Finda a biografia.

Revendo a obra de Marcel Schwob vamos encontrar alguns aspectos igualmente fundamentais e abandonados. Foi um dos mais relevantes tecedores do poema em prosa. A partir daí mesclou os gêneros, somando à imaginação a reflexão crítica e o sentido de uma iluminação ascética. *Vidas imaginárias* e *A cruzada das crianças* não fazem senão confirmar o que digo. *Le livre de Monelle* acrescenta um componente sensual, que dá à poética de Schwob uma consciência plena dos principais obstáculos que sua época impunha a toda manifestação artística.

No Brasil, conhecemos unicamente o Marcel Schwob de *A cruzada das crianças* (Iluminuras, 1987 – tradução de Milton Hatoum).[66] Segundo Rémy de Goncourt, trata-se de um "livrinho milagroso". Schwob acentuou uma característica baudelairiana dos *tableaux-vivants* (quadros-vivos), apreendendo lições do mergulho na história, neste caso com destaque para uma passagem da Idade Média, redimensionando-as a partir dos poderes da imaginação, logo em seguida, segundo Jorge Luis Borges, ao prologar uma edição desse livro, entregando-se "aos exercícios de imaginar e escrever".

Em *Vidas imaginárias,* sondou a resistência de tipos bizarros retratados a partir de um sentido vertical de desregramento social. As diversas vidas ali biografadas configuram expressões sutis e de refinado tratamento no que concerne a particularidades humanas como a perversidade, a anarquia, o amor e a arte. São retratos que confundem intencionalmente uma dupla face da existência: imaginação e imaginário. Schwob recorre à ironia como um artifício essencial à conexão de imagens, dando a ela distintas modulações, medidas pela singularidade de cada expressão que busca.

Marcel Schwob não escreveu o "grande livro" que pretendia em relação a François Villon, mas sim o mais intenso, minucioso e revelador ensaio acerca do poeta francês

---

66 Posterior à data da publicação original deste artigo, surgem as traduções de Dorothée de Bruchard e Duda Machado, respectivamente para *A cruzada das crianças* (Paraula, 1996) e *Vidas imaginárias* (Editora 34, 1997). Mais recentemente, Celina Portocarrero traduz *A cruzada das crianças* (Nova Fronteira, 2007).

do século XV. Fascinava-o aquilo que Sérgio Lima situa como "exaltação do momento", aspecto que iria compor o sentido da "beleza convulsiva" essencial ao Surrealismo. Villon, nesse sentido, emblemava a ideia de uma negação absoluta da história, semelhante ao "*lâchez tout*" de André Breton ou ao *"larga tudo"* de Almada Negreiros.

A obra e a vida de Marcel Schwob confundem-se com um momento vertiginoso vivido por nós. Não exatamente pelo estigma finissecular, mas, sobretudo, por um acesso de repetição provocado por um século que não soube lidar consigo mesmo. O século XX é grosseiramente contraditório. Produziu compreensões fundamentais, ao mesmo tempo em que não conseguiu aplicá-las. Schwob não cabe aqui senão como uma sugestão para o indispensável diálogo com o passado.

8

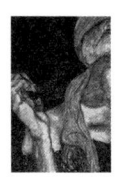

Eliane Robert Moraes: o marquês de Sade e a loucura da imortalidade

A ensaísta e tradutora Eliane Robert Moraes é autora de um volume intitulado *Lições de Sade – ensaios sobre a imaginação libertina* (Iluminuras, 2006), livro em que reúne ensaios publicados entre 1999 e 2005 na imprensa brasileira. Eliane já havia publicado um outro trabalho sobre o "divino marquês", *Sade – a felicidade libertina* (Imago, 1994), além de haver traduzido Georges Bataille (*História do olho*, Cosac & Naify, 2003). Neste nosso diálogo, conversamos um pouco sobre os dois autores, considerando suas afinidades.

FM – Diversas são as maneiras com que muita gente se aproxima de Sade. Lembro aqui uma declaração de Luis Buñuel, ao dizer que se sentiu essencialmente atraído pelo pensamento ateu. Em teu caso, o que primeiro te atrai nessa ainda hoje controversa figura?

ERM – O que mais me atrai em Sade é essa "ruptura com o mundo" que sua literatura opera, na tentativa de despertar e colocar em jogo virtualidades humanas ainda insuspeitas, valendo-se da imaginação para aceder aos domínios do impossível. Por isso mesmo, minha leitura da literatura sadiana sempre privilegia a força imaginativa, fazendo eco a uma conhecida passagem das *120 journées* que afirma: "toda felicidade do homem está na imaginação". Assim, busco compreender o pensamento de Sade por dentro, a partir de seus próprios princípios, acreditando que ele funda um domínio único de expressão, alheio às exigências de coerência, sejam elas formais ou conceituais, sejam elas literárias ou filosóficas. Meu lugar de leitura está comprometido, antes de mais nada, com a fantasia do escritor.

FM – Em um breve comentário acerca do livro *Sade: contra o Ser Supremo*, de Philippe Sollers, observas que os textos que compõem essa obra, "escritos em tom de manifesto, eles pecam pela superficialidade com que abordam as diferenças entre as ideias do marquês e outros pensamentos, o que, por certo, exigiria um rigor do qual o autor julga poder prescindir". Eu pediria aqui um detalhamento maior sobre a referida superficialidade, bem como a tua ideia do significado de Deus para o marquês.

ERM – Nesse livro, Sollers tenta dar continuidade às ideias sadianas, substituindo a refutação de Deus pela recusa do culto ao Ser Supremo, tão caro aos revolucionários de 1789. Para tanto, ele coloca o sistema sadiano em oposição aos grandes pensamentos dos séculos XIX e XX, como os de Marx, Freud e Sartre que, segundo sua visão, ainda seriam tributários da "religião" laicizada e estatal instaurada depois da Revolução Francesa. Ora, além de ser um recurso anacrônico, Sollers propõe como desdobramentos lógicos da ideia de Ser Supremo os complexos conceitos de "Espírito", "Sujeito Transcendental", "Coisa em Si" ou "Inconsciente", sem atentar às particularidades que os distinguem entre si. Trata-se de uma atitude intelectual apressada, equivocada e leviana.

Como proponho no texto "O gozo do ateu", acredito que o ponto de partida do ateísmo de Sade é o desamparo humano. Ninguém nasce livre; o homem, lançado ao mundo como qualquer outro animal, está "acorrentado à natureza", sujeitando-se como um "escravo" às suas leis; "hoje homem, amanhã verme, depois de amanhã mosca" – tal é a condenação que paira sobre a "infeliz humanidade". Ciente de que as religiões nascem desse triste destino, o devasso sadiano prefere admiti-lo sem escapatórias, procurando superar esse desamparo primordial pela via do erotismo. A volúpia, ensina o libertino, é o único modo que a natureza oferece para atenuar o sofrimento humano.

FM – Há um largo capítulo de teu livro dedicado especificamente à libertinagem em sua perspectiva filosófica. Que referências podemos encontrar, no Brasil, em termos de percepção, prática e desdobramento dessa linhagem voluptuosa?

ERM – Há alguns grandes leitores de Sade no Brasil, mas estão dispersos. De modo geral, podemos encontrar um traço sadiano em grande parte dos autores que se vincularam, de uma forma ou outra, ao pensamento surrealista. Penso em Jamil Almansur Haddad, em Claudio Willer, em Contador Borges, em Jorge Mautner, em Zé Celso e no Teatro Oficina só para citar alguns dos nomes mais significativos. Entre eles destaca-se a figura singular de Roberto Piva, que tem um poema genial intitulado "Pornosamba ao marquês de Sade".

FM – Há também aquele poema intitulado "Homenagem ao marquês de Sade" (*Piazzas*, 1964), em que ele conclui dizendo que Sade o dilacera e protege "contra o surdo século de quedas abstratas", o mesmo século que Apollinaire previra ser dominado por Sade. Onde mais está presente o marquês, confirmando-se tal previsão: em um raro como Roberto Piva e sua obra tecida em "constante vigília", ou no acento equívoco de um Serge Bramly em seu romance *O terror na alcova*?

ERM – São dois opostos. Enquanto o poema de Piva é iluminado, ampliando a visada do marquês, o romance de Bramly é definitivamente equivocado. Ao colocar lado a lado o prisioneiro Sade e alguns dos personagens de *La Philosophie dans le boudoir*, Bramly reduz o sistema sadiano às ocorrências biográficas do autor. Com isso, *O terror na alcova* acaba por confundir a condição de vítima com a de libertino; equívoco inadmissível considerando-se que é justamente a partir da contraposição entre essas duas figuras – tipos absolutos, irredutíveis um ao outro, como são Justine e Juliette – que Sade projeta sua ficção de um homem completamente livre.

Com esses pressupostos em mente, não é de estranhar que Bramly manifeste outro senso comum, este ainda mais grave, que insiste em considerar o marquês como precursor da suposta "liberdade sexual" contemporânea. Tudo se passa como se o liberalismo político tivesse, enfim, conquistado tal estágio de garantias individuais que, hoje, qualquer "indivíduo normal" seria capaz de realizar seus desejos sexuais sem o menor constrangimento. Tudo se passa como se a insaciável erótica de Sade pudesse ser substituída pelas prateleiras de uma *sex shop*, reduzindo toda fantasia à circulação das mercadorias.

FM – Tradutora de Bataille que és, isso me leva a indagar sobre o excesso ou recusa à abstinência nos dois autores. Como estabelecer parâmetros entre o êxtase e a emoção sexual considerando o que defendiam ambos, Sade e Bataille? Em que exatamente se distinguem?

ERM – Valendo-me de uma concepção do próprio Bataille, acredito que se tratam aí de escritores cuja literatura se caracteriza por expressar uma "hipermoral". Ou seja, trata-se de um pensamento que busca "descobrir na criação artística aquilo que a realidade recusa". Ao realizar tal exploração fora das dimensões éticas ou morais, esses autores abrem mão de todo e qualquer escrúpulo da tradição humanista para discorrer sobre aquilo que nega os princípios desse mesmo humanismo. Para tanto, eles se impõem a tarefa de ouvir a voz dos algozes, considerando seus motivos, e até mesmo a sua falta de motivos, de forma a construir uma cumplicidade no conhecimento do mal. Nesse sentido, podemos advogar mais uma aproximação do que uma distinção entre Sade e Bataille.

FM – Não havia acaso no Surrealismo um tipo de sublimação do amor, uma libertinagem poética cuja referência a Sade estava longe de integrá-lo ao viver?

ERM – Com certeza. Há, em boa parte dos autores surrealistas, certa ideia de redenção pelo amor que não se encontra, jamais, em Sade. Acho que a leitura surrealista do "divino marquês" concentrava-se, sobretudo, nos domínios do desejo. O que atraía os membros do grupo em direção ao pensamento sadiano era justamente a onipotência do desejo, que os escritos do marquês não só cultivavam como também exaltavam nas dimensões mais imperiosas, radicais e violentas. Aos olhos dos surrealistas, essa exaltação se revelava ao mesmo tempo lúcida e irracional, reafirmando a relação entre erotismo e liberdade que estava no centro das convicções do grupo.

FM – Referindo-se às aspirações do Surrealismo, disse certa vez Robert Desnos que estas haviam sido formuladas essencialmente por Sade, por ter sido ele o primeiro a entregar "a vida sexual integral como base para a vida sensível e inteligente". No posfácio do 2º vol. das obras reunidas de Roberto Piva (*Mala na mão & asas pretas,* Globo, 2006), observas a insensatez de uma escrita "que insiste sem cessar nas próprias obsessões, reiterando o mote transgressivo para deixar a descoberto o princípio de subversão que une definitivamente o sexo à poesia". Nos dois casos, até que ponto interessa distinguir perdas e ganhos de linguagem, ocasionados justamente pela obsessão de um projeto maior que extrapola os domínios da própria linguagem?

ERM – Acredito que haja aí uma contradição produtiva que vale tanto para os escritos dos surrealistas franceses quanto para a poesia de Piva. Em um dos artigos incluídos em *La part du feu*, Maurice Blanchot toca nesse ponto ao dizer que, apesar das suas furiosas invectivas, "o Surrealismo aparece principalmente como uma estética e se mostra primeiramente ocupado com as palavras".

Por trás dessa aparente inconsequência estaria a proposta de "liberar" as palavras que os surrealistas teriam realizado em duas direções. De um lado, na tentativa de aproximar a linguagem e a liberdade humana até o ponto de transformá-las na mesma coisa: "penetro na palavra, ela guarda minha marca e é minha realidade impressa; adere à minha não aderência". De outro, no reconhecimento de que havia uma espontaneidade própria das palavras, de tal forma que elas poderiam se liberar por si mesmas, independentes das coisas que expressam, agindo por conta própria e recusando a simples transparência.

Ora, persistindo nessa ambiguidade, os surrealistas foram levados tanto a desprezar a escrita em função da vida quanto a afirmar sua importância no próprio ato de viver: "escrever é um meio de experiência autêntico, um esforço mais do que válido para dar ao homem a consciência do sentido de sua condição".

FM – Em um comentário ao tabelião Gaufridy, disse Sade: "são minhas desgraças, meu descrédito, minha posição que aumentam meus erros, e enquanto não for reabilitado, tudo de mal que acontecer nas redondezas será sempre atribuído à mesma pessoa: o marquês de S".. Porém até que ponto Sade teria se beneficiado desse estigma, de tal maneira que sua reabilitação pudesse vir a ser um obstáculo na influência de sua obra?

ERM – Não acredito que tal estigma tenha resultado em benefício. Antes, penso que ele serviu para transformar Sade em uma "marca". Vale lembrar que é nada pequeno o aparato pornográfico que leva seu nome, abrangendo revistas, filmes e, ainda, as edições do gênero que seus livros acabaram por inspirar. No perverso mundo contemporâneo, caracterizado por uma vertiginosa circulação de mercadorias, o marquês transformou-se até mesmo em marca de um champanhe francês, tornando-se objeto de incansáveis e descabidos apelos de marketing! Apesar disso, a obra sadiana sobrevive a seu estigma e, se isso acontece, é porque o pensamento de Sade permanece como um grande enigma.

FM – Em um extraordinário estudo sobre Sade, Alexandrian destaca que "o ideal da heroína sadiana é a puta transcendente". Já me dirás se estás de acordo, porém eu principalmente gostaria que comentasses algo sobre a composição de personagens na obra de Sade, inclusive atentando para a mescla de características que buscava junto ao próprio ambiente social de seu tempo. Penso aqui também no mesmo Alexandrian ao dizer que "a história fornece a Sade um quadro negro que este reveste com brilhantes ornamentos de estilo".

ERM – Concordo em gênero e número. Muitos intérpretes da obra sadiana, ofuscados pela imaginação delirante do marquês, deixam de atentar para o fato de que o romancista propõe-se também como historiador. Como esquecer a paixão de Sade pela história? Ora, não define ele como "historiadoras" as quatro prostitutas que relatam as paixões das *120 journées* a partir de sua experiência nos bordéis parisienses?

É como se não pudéssemos aceitar que o "inconcebível" da literatura tivesse sido realmente concebido na história; em que medida isso ocorre, não sabemos; porém, as histórias dos libertinos setecentistas provam que não foi Sade quem introduziu a crueldade na libertinagem. Ele é o primeiro a alertar disso, insistentemente, recorrendo de forma exaustiva a exemplos históricos. A questão, certamente, não é descartar a prodigiosa imaginação de Sade, mas abordar sua obra a partir da história pode trazer surpresas para os estudiosos que, muitas vezes, ignoram tal associação. Como ignorar, por exemplo, a relação entre a Sociedade dos Amigos do Crime e as inúmeras sociedades secretas libertinas que se formam na França a partir do século XVIII?

FM – O epíteto "divino marquês" me recorda uma passagem do *Ecce Homo*, em que Nietzsche defende que "o divino não consistiria em chamar a si a punição mas os erros". Para além da incitação à liberdade total, estaria Sade empenhado em descarnar a tragédia de uma sociedade cuja hipocrisia confundia virtude e vício? Nesse sentido, seria o oposto de Restif de La Bretonne, considerando que este declarava venerar "a Virtude no Vício"?

ERM – Aqui também temos um par de opostos. Nosso aristocrático e erudito marquês vê nada que lhe interesse em Restif, marcando de forma bastante clara sua distância com o tipo de literatura produzida por esse plebeu. Já em 1783, antes mesmo de escrever seu primeiro romance, encarcerado em Vincennes, Sade envia uma carta à marquesa encomendando-lhe alguns livros e adverte: "Sobretudo nada compreis de Restif, pelo nome de Deus! É um autor da Pont-Neuf e da Biblioteca azul, de quem seria estranho que imaginásseis enviar-me qualquer coisa".

A hostilidade, porém, não é unilateral. E, se as palavras de Sade podem sugerir apenas uma avaliação estritamente literária, as críticas de Restif ao autor de *Justine* mostram que estão mesmo em jogo diferentes concepções de libertinagem: "Ninguém ficou mais indignado que eu com as obras do infame Sade", diz ele no prefácio de *l'Anti-Justine*.

FM – Disse Sade: "O homem nasce para gozar e só por meio da libertinagem conhece os mais doces prazeres da vida: só os tolos se contêm". Observando a maneira como Octavio Paz foi paulatinamente se distanciando de Sade, não haveria aí uma maneira de preservar-se a si mesmo, distanciando poeta e pensador, escapando de toda sorte de exceção ou capricho?

ERM – É possível que sim. Passado um quarto de século desde a publicação de seu primeiro ensaio sobre o marquês, Paz realmente distancia-se de suas proposições iniciais, voltando um olhar bem menos benevolente ao que ele chama de "incômodo interlocutor". Sua visada concentra-se, então, em outro princípio do sistema libertino, precisamente aquele que traduz "um mais além erótico": a negação universal. Ou, em uma só palavra: o Mal. Ora, ao investigar a exigência de negação que orienta a ficção sadiana, o escritor mexicano realmente assume mais sua *persona* de pensador do que um poeta. Mas, cumpre dizer, ele nunca perde o vigor da palavra.

FM – Esquecemos algo?

ERM – Tomara que sim! Dessa forma, deixamos uma nova conversa no horizonte.

9

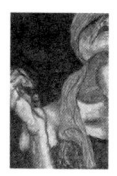

Michel Roure absolutamente clandestino

Michel Roure (França, 1946) é uma dessas pessoas tomadas por uma alegria contagiante. Seu afinado senso de humor intelectual encontra-se plenamente conjugado com um prazer pela vida, resultando em uma figura cada vez mais rara: a do intelectual divertido e encantador. Em suas anotações autobiográficas encontramos uma infância marcada pelo cinema. Os pais tinham um café-hotel-restaurante que também funcionava como cinema, e esta foi sua inconfundível escola. Mesmo seu amor pela literatura, sua afinidade com René Char ou Trakl e a música de Mahler ou Schubert entranham-se nos roteiros de John Ford, Godard, Ronoir, Pasolini aventuras que irradiam imagens desconcertantes com que tece seus poemas. Nessas mesmas anotações refere-se ao nosso encontro em um hotel em Caracas, em 2005, dizendo que ali conheceu, "entre reuniões, um homem sério que constantemente ri e esconde a antropofagia debaixo de uma boina". Na verdade, ríamos os dois, como se fosse um encontro entre dois espelhos. A poesia de Michel estava, sobretudo, em seu riso solto. Por ali, se dava o mais entregue contato com o mundo. Por ali, a expressão de seu diálogo com o cinema, com a poesia hispano-americana – que o levaria a traduzir José Lezama Lima, Luis Alberto Crespo e Roberto Juarroz –, as viagens e mergulhos no jazz, tudo o que foi mesclando com as volumosas páginas ainda inéditas de *Tribulum, ou le temps hours de lui* e *Le corps en fuite*, em que reúne sua poesia escrita desde 1969. Esta nossa entrevista planejamos desde o encontro venezuelano, mas somente nos últimos meses conseguimos concretizá-la. Nenhuma nota de apresentação faria jus a ela, de maneira que o melhor é nos dedicarmos às palavras desse notável poeta. Não sem antes dizer que originalmente a conversa se deu em francês e espanhol, sendo posteriormente traduzida por Éclair Antonio Almeida Filho.

FM – Creio que podemos começar este nosso diálogo a partir de um belo poema teu sobre a morte de René Char. Há ali uma imagem muito rica que trata do "balbucio em um ramo de túmulos". Char foi um poeta que sempre se pôs diante do vazio de maneira provocativa. Ele mesmo dizia: "a poesia se incorpora ao tempo e o absorve". Porém uma coisa é a poesia e outra é o poeta. Deste personagem acaso é possível dizer o mesmo, que ele se incorpora ao tempo e o absorve?

MR – René Char... Começarei por te falar dele a partir desse estranho enterro sobre o qual o poema de que falas se fixou, "que ele incorporou para si e absorveu".

Estranho no fato de que ele se desenrolava sobre vários níveis, como vários enterros da mesma pessoa: um enterro de província e de Provença como já vi tantos em minha cidade, a começar pelo enterro de meu pai, quase aquele de um camponês como Char conheceu tanto e nomeou em seus poemas; em segundo lugar, o enterro de um poeta pelos que o tinham conhecido de perto, seja como pessoa, seja palavra a palavra, na lentidão renovada da leitura, que não termina jamais: aqueles lá tinham seus ritos minúsculos e secretos, suas conivências silenciosas. Eles podiam se permitir ser cegos uns para os outros e mudos. Eles eram corpos tais como o grande Masaccio pôde, enfim, torná-los presentes. O terceiro enterro era bastante sinistro, aquele de uma personalidade que tinha finalmente aceitado ser reconhecida: os fotógrafos saltitavam por toda parte, se insinuavam sem respeito entre os túmulos a toda velocidade para roubar o melhor ângulo: eles são os macacos de meu poema, os que cobrem de merda por horror do tempo e da morte. O conjunto desenha o acontecimento estendido e contraditório pelo qual, nós todos que estávamos presentes naquele dia, entregávamos René Char, homem e poeta, a esse balbucio, a esse trabalho do tempo do qual não sabemos o que ele fará dele: *Odisseia* em que se conduz por terra com ele o leito de Ulisses, do qual, tu sabes, ele não podia ser removido. A morte entrega Char ao balbucio, ele que era o contrário deste, mas ela o carrega também, por rios subterrâneos, até esse pequeno cemitério da vila de Viens (mas também *viens*, o convite a vir), tão próximo do terreno de pouso de paraquedas clandestino, onde a Resistência recebia parte de suas armas; esse pequeno cemitério onde, dizem, ele teria amado ir, onde ele não pôde ir terminar – ou começar. O balbucio vem de Paul Celan, assim como a forma desse poema: ele é o risco que espreita os poetas, e que cada um à sua maneira busca evitar. Balbucio de grandíssima certeza, quando o poeta frequenta muito sua própria estátua, se atém muito perto da filosofia, como isso pôde acontecer com Char. Balbucio de grande incerteza, em que ele pode soçobrar, em que é preciso que ele corra esse risco de soçobrar, em que a poesia passa por esse momento de quase nada mais ser.

A conjunção, no poema, de todos esses enterros, desenha uma travessia de metáforas contraditórias.

Eu queria devolver René Char à sua fragilidade, que não é aparente.

A incorporação de momentos tornados pura densidade, pela qual ele é o único a continuar Rimbaud.

O sentido do golpe de martelo, com todos os perigos da quebra.

O empilhamento de brilhos, que pega, ou não pega.

A recusa da poesia como um jogo inconsequente que deixaríamos às crianças no pátio.

Não temer, ao relê-lo sem parar, depois ao abandoná-lo, opô-lo a si mesmo.

Perfeitamente de pé na neve, as armas na mão. Um velho resistente disse a um amigo: "Para mim, René era um bom matador".

Para terminar, há, em "*Seuls demeurent*", um poema sobre o qual volto com frequência: "*Le loriot*" (Verdelhão), portando a data de três de setembro de 1939, primeiro dia da guerra – Char quase nunca data – "O verdelhão entrou na capital da aurora": o verdelhão é pássaro que migra no fim de agosto, início de setembro, ele inscreve de antemão a invasão de Paris, o fim definitivo do mundo, mas há esta espada que fecha o leito, e, neste fim, um começo. O conhecimento preciso dos pássaros incorpora para si a percepção lúcida do momento histórico, e o poema torna-se balanceamento do tempo.

FM – E tu, poeta, como te sentes aqui, em nosso tempo?

MR – Dizer como me sinto aqui, neste tempo, é dizer talvez que não há mais *aqui* nem há mais *tempo,* e que o *eu* vê substituir a si por tantas identidades de empréstimo calculadas com a maior precisão, a maior eficácia. Com quais armas resistir é a questão que colocava Pasolini: "Onde estão as armas?". Tenho o sentimento, terrível, de uma fuga dos corpos, de seu desmembramento pela mercadoria e pela imagem, da destruição das línguas – sem as quais não existem corpos – , e um sentimento de que a simples racionalidade sem aliados não nos bastará. Vejo, com certeza, uma invenção; percebo, nesse tempo, um surgimento, um novo capaz de não consagrar o passado à perda, mas de fazer alguma coisa dele. No entanto, a destruição acelerada do mundo exige de nós tal velocidade, e, no mesmo instante, esta lentidão, que resiste, o que Pasolini chamava de "uma força do passado".

FM – Eu penso em tua origem, muito próxima do cinema. Fala-me um pouco de tudo isto, tua infância, a morte de teu pai, o cinema, os livros que te foram presenteados pela avó…

MR – É curioso, e perfeitamente justo, que tua questão reúna a morte de meu pai e o cinema. Como escreveu para si mesmo o crítico de cinema Serge Daney, eu sou um "cinéfilho" – neologismo a partir de cinéfilo – um filho do cinema ao menos da mesma forma que filho de meu pai ausente, ou desaparecido, alguém que partiu em busca de seu pai, ou de um pai, nas imagens.

Meu pai morreu no dia 21 de janeiro de 1953, aos trinta e um anos, do mal de Hodgkins. Como escrevi em uma "biografia fantasma": "Minha mãe o carrega, enrolado em um lençol de hospital, de táxi até a vila. Sua morte suspende acima de mim a bola de fogo da infância, que eu olho ainda hoje se apagar".

Mas antes disso, o café-hotel-restaurante de meus pais, a casa da infância, quase meu próprio corpo serve, ao menos duas vezes por semana, de cinema. Quando um filme é proibido para mim (e se eu não me insinuo pela pequena porta lateral que dava na escada de serviço e os quartos com a cumplicidade dos espectadores) ouço de minha cama o som. O cinema, como reservatório inesgotável, rutilante, incompreensível, de cenas sempre mudas no sentido em que a fala não trabalhou para analisá-las, precede em mim a leitura. Hoje, ainda, o cinema tem uma boa extensão de antemão, e a luz da escritura se esforça a todo instante de recobrar a luz das imagens em movimento. As duas, separadamente, e uma em embate com a outra são móveis. Lá está para mim o que o cineasta Joseph Von Sternberg denomina em suas memórias de a aventura da luz. Meus primeiros livros, esses livros oferecidos por pessoas que, como minha avó ou meus tios, conheciam o preço e a fragilidade da leitura e dos livros, porque eles tinham tido pouquíssimo tempo a lhes dar, meus primeiros livros, é ainda por meio do cinema que eu os leio: histórias de corsários e de piratas, depois *As grandes esperanças* de Dickens, que leio como que pelos filmes ingleses... As imagens e a leitura, frequentemente tão próxima da voz alta ouvida na cama, cedem umas diante das outras, se reforçam, ou permanecem separadas, reduzidas à insônia, reduzidas ao mais pesado dos sonhos.

Devo acrescentar que a morte de meu pai, minha fuga dessa morte, também no cinema, puderam conduzir a uma terrível indiferença, a um entorpecimento da sensibilidade, a uma recusa da realidade.

FM – Penso na magia do cinema que foi transformada em um espetáculo comercial, como tudo em nossa vida. Vale dizer da magia o mesmo que dizia Buñuel do cinema, que "é uma arma maravilhosa e perigosa se manejada por um espírito livre"?

MR – O cinema, arma maravilhosa e perigosa nas mãos de um espírito livre... Ficaria tentado a dizer que o cinema é perigoso e maravilhoso em todas as mãos. Essa relação estreita, da qual acabo de falar, entre o cinema e a palavra (oral ou escrita) que o persegue, que deve persegui-lo para não ser possuído por ele, mas que deve quase considerar a posse como uma passagem forçada, como um *momento* (no sentido de um *momentum*, de um equilíbrio provisório e instável de forças), encontra sua justificação e seus meios nesses espíritos livres que são os grandíssimos cineastas (mas também graças a esse espírito livre, de origem desconhecida, presente em ti quando da visão única de tal ou tal filme, e para ela apenas: não o deixe se perder...): sempre mais estreitamente ligadas, em cada um de seus filmes, a magia e a colocação em dificuldade da magia, a suspensão da magia, que, sem fim, obriga a falar, deveria obrigar a escrever.

Da mesma maneira que o espetáculo comercial – integrando as técnicas numéricas, não apenas as técnicas de fabricação de uma realidade virtual, porém, ao mesmo tempo, as técnicas de fabricação de identidades comerciais de substituição – tornou essa magia muito mais perigosa. A descentralização da essência humana encontra na numeração uma saída terrificante. Contra esse perigo, as armas da racionalidade, as armas forjadas pelas Luzes não bastam. É preciso associar a isso essa "linguagem da realidade", segundo Pasolini, em que trabalham os grandes cineastas, um discurso crítico de responsabilidades e poderes aumentados, e a poesia que toma seus riscos ao ficar mais próxima das imagens. A relação que entretêm o cinema de Pasolini, seu discurso crítico e sua poesia abre um caminho. Estreito, inimitável: unicamente feito de tradução.

FM – O cinema, o romance, o teatro… e a poesia, o poema, esta passagem da rotina para uma confrontação entre sonho e realidade, ou entre vida e verdade, ou entre memória e eternidade… Como te descobres poeta?

MR – Descubro-me poeta, justamente, quando a "famosa golada de veneno" da qual fala Rimbaud, e que nada mais é do que a própria realidade, absorvida em uma dose tão alta que é preciso, creio, proibir, se pudermos, qualquer outra substância, regurgita nesse tempo variável de que necessitou sua destilação corporal. Um outro corpo se forma ao lado do meu, tão improvável, tão intemperante que tudo está para recomeçar: o "lance", como diria Mallarmé, está para se jogar novamente, mas esse não é um lance de dado. É quase um lance de força. Daí, talvez, a "clandestinidade", a publicação rara ou ausente. A todo instante, o silêncio ou o desabamento, ou o muito cheio, são possíveis. Mais que de uma "obra", trata-se de uma tonalidade evolutiva, de um movimento sem volta que não impede a reescritura nem o repeneiramento. Não conheço o que chamam de "as felicidades de escritura", mas a felicidade física de ter escrito e de ter que – mas naquelas *circunstâncias* outras – recomeçar.

FM – Conheces bem a influência da lírica francesa em todo o mundo. Esta compreensão cria algum tipo de esnobismo em relação a teu caráter? Há uma correspondência atual entre a influência histórica e a qualidade do que se produz na França em termos de poesia?

MR – A poesia francesa teve uma grande influência no mundo, diria, de Rimbaud até Char e Ponge, e Michaux incluso, e, sobretudo, o Surrealismo, mas várias razões me impedem de tirar disso o menor orgulho, o menor esnobismo, a menor segurança.

A influência sobre mim dos poetas estrangeiros, e dos romancistas estrangeiros, é imensa. Ler e traduzir, ler ao traduzir é, para mim, essencial.

O ponto de vista segundo o qual a poesia francesa, e só ela, operou uma ruptura decisiva denota um orgulho desmedido, um fetichismo atordoante, que persiste aqui, e restringe (leitura e escritura) o campo dos possíveis.

A obsessão da novidade (melhor: *do fazer novo*), o formalismo, a imitação dos grandes nomes da poesia norte-americana, a mania de se resguardar das armadilhas da poesia por meio de noções tomadas emprestadas da filosofia heideggeriana ou das ciências da linguagem, por meio de regras matemáticas, o caráter invasor da metafísica etc.… mas também a persistência do bem-escrever-poético-tradicional-bem-dominado… me desagradam em uma grande parte da poesia francesa contemporânea, assim como os grandes acertos de contas periódicos contra tal grande nome que opõem a tal outro: Char contra Ponge, por exemplo. Esse fechamento ao mundo, essa recusa da fecundidade das contradições, desencorajam aqueles que, no estrangeiro, pedem apenas para conhecer sem pré-conceitos, e aqueles que, como eu, descobrem ao acaso das revistas e das antologias tantas experimentações, tantas experiências individuais formando como que um laboratório subterrâneo, uma imensa alternativa secreta em que cada nome pede para ser tomado isoladamente para formar uma constelação, ou várias, com outros.

Devo ser tanto mais modesto quanto a leitura do que se produz hoje na França não é essencial para mim, em parte pelas razões que já disse. A tensão do estrangeiro na própria frase que a outra língua traz é mais central. Tenho grande admiração por todos os poetas franceses tradutores, e eles são numerosos.

Em suma, fico tentado a dizer, com o risco de te decepcionar, que para abrir meu caminho mantenho-me afastado de certas problemáticas que desenham a poesia aqui, e que, com o risco de ser injusto, a poesia francesa contemporânea não saberia ter a influência que ela teve.

FM – Suponho que tua entrada no Partido Comunista Francês, nos anos 70, tem a ver com um desejo defensível de liberdade, porém há ali também o tema do fanatismo que caracterizaria as ações programáticas do comunismo. Tua saída do partido tem relação com a morte de Pasolini, com a descoberta de outro mundo graças às tuas viagens ao Panamá e à Nicarágua, ou tem acaso outra razão?

MR – É uma das grandes contradições, se não a contradição de minha vida: ter sido membro do Partido Comunista mais incapaz de uma *tradução* política que já existiu na Europa, do Partido Comunista mais lento a reconhecer a monstruosidade estalinista, enquanto jamais deixei de ter os olhos voltados para o surgimento, o jorrar inesgotável da história *alhures*, ávido por novas formas que poderia tomar um poder político do povo… Nada imaginava fora de um partido de massa, de um experimentador coletivo. Encontrei nele, paradoxalmente, os meios de criticá-lo, depois de deixá-lo, esforçando-me em nada esquecer da pura canalhice, da contorção jesuítica, da cegueira diante da força e do crime, do espírito de seita, mas também da real fraternidade, e das pessoas de todos os meios, que não teria podido encontrar em outro lugar senão lá. Por meio dele, segurei o fio dessas revoluções sucessivas que fazem a singularidade desse país. Puxando esse fio ao extremo, mas sem rompê-lo, fui conduzido, ou reconduzido, ao Partido Comunista Italiano, à relação desconfortável que tinha Pasolini com ele, ao cinema popular italiano, a Gramsci, a Walter Benjamin, depois, com um lamento inconsolável, a Mandelstam e a Chalamov, como a parte mais profunda dessa história. Não foi a morte de Pasolini que me distanciou, mas a Polônia, o Afeganistão, o que eu soube de tal e tal vida partida, que tinha dado muito. A descoberta do mundo, de outros mundos políticos, Portugal, Chile, Nicarágua, a intimidade quase imediata, mesmo que fosse ilusória, com todo *acontecimento* – a famosa golada de veneno, sob outras formas, ou as mesmas? – desfazendo o mundo para refazê-lo, desempenharam também um papel. Permanece uma tensão, uma revolta, uma espera do que pode surgir da história, bem como do subterrâneo há muito tempo desprezado por Narciso, onde sozinha, antes que seja tarde demais, a poesia pode atingir.

FM – Falas em desvios da imprensa internacional. Eu creio que a todo momento temos que refazer o mundo dissolvido pela imprensa, nacional e internacional. Como se pode falar desses desvios em termos de imprensa francesa?

MR – Como a imprensa, a francesa em particular, contribui para desfazer esse mundo que ela deveria contribuir a fazer, para nos ajudar a fazer e até mesmo – por que não sonhar? – a refazer? Estou longe de ser um especialista dos problemas da imprensa do meu país, simplesmente um leitor cotidiano, particularmente do *Monde* (Mundo), mas posso fazer as seguintes constatações: a imprensa, até mesmo um jornal dito de referência como o *Le Monde* corre na traseira da televisão sem esperança de alcançá-la: o sensacional instantâneo, a enquete exclusiva visando a dar um "golpe" político, o clichê de estilo, a personificação sem medida, a particularidade tendo lugar de singularidade, a submissão às ideias mais potentes fazem a lei. A independência financeira (fazer tudo para não pertencer a um grupo de imprensa multinacional) nada garante: a lógica de empresa tendo os mesmos interesses que outras, quer dizer, a satisfação dos acionários, faz finalmente a lei, e o grupo vai se tornar cada vez maior para escapar de outros, absorvendo outros títulos. O funcionamento da célula dirigente é cada vez mais opaco. Os laços dos dirigentes da redação com outros grupos são visíveis para quem quiser conhecê-los. Há na França uma centena de intelectuais, em particular, que defendem as mesmas ideias, trocam entre si serviços e cumprimentos, e que chamam de intelectuais, não mais de referência, mas de reverência. A concorrência com os jornais gratuitos, suportes de publicidade, nada concilia. O desaparecimento de um tecido militante tradicional quase aniquilou a imprensa de opinião, e nenhuma estrutura associativa de leitores, nenhum tecido social de tipo novo que permita ler, comentar em conjunto à imprensa, criar a democracia a partir da interpretação coletiva, portanto, que permita "refazer o mundo" a partir da mundialização, veio à luz de maneira durável, mesmo se as tentativas são numerosas, repetidas e promissoras, na Internet, por exemplo. *Le Monde Diplomatique* é, para mim, o que melhor corresponde ao que espero da imprensa: esse título faz parte do grupo *Le Monde*, mas soube nele conquistar sua independência editorial. Privilegia análise de fundo, e seus leitores dialogam com ele de maneira crítica.

O acontecimento, qualquer que seja, instantaneamente produzido no outro extremo do mundo, em ti mesmo, deverá encontrar pela linguagem sua luz mais profunda: a imprensa, aqui, seria um dos meios de se alcançar esse caroço dialético feito de presente e de passado do qual fala Walter Benjamin. Nesta nova relação, a reconstruir a cada vez, entre o próximo e o distante, intimidade e historicidade, no reverso da imagem dominante que nos extirpa de nós mesmos e nos torna mudos, a poesia encontra – ou não – seu lugar.

FM – "O que permanece sempre o mesmo é o medo do conhecimento amoroso, o medo de viver, o profundo e imbecil terror de Eros, que conduz à mortificação". Isto dizia Pasolini que, já em 1948, foi expulso do partido. Porém, a vida em nosso tempo foi mudada por outros aspectos, outros fantasmas que mantêm o mesmo ardil, sobretudo em relação ao conhecimento amoroso…

MR – Não há conhecimento do corpo, logo não há conhecimento do mundo – Spinoza diz que nosso corpo é o mais difícil de se conhecer – sem o conhecimento amoroso. Gramsci já, e Walter Benjamin, em vários fragmentos inéditos, sublinham as manifestações mórbidas inevitáveis às quais leva a manutenção das mulheres sob dominação: o terror imbecil de Eros é uma delas. Um dos espectros mais retorcidos e astutos, a pornografia, dissimula o corpo amoroso ao exibir seus pedaços, muda o conhecimento amoroso – "essa forma de intimidade que é mais que um casamento", como dizes para a tradução, mas por toda parte a encontramos – na ginástica odiosa que esgota a fazer "tudo" ver. A pornografia, no sentido amplo do termo, como desaparecimento do conhecimento dos corpos uns pelos outros em sua exibição técnica, tem um grande futuro. Ela própria substitui muito eficazmente o conhecimento amoroso, e, melhor ainda que a censura, o mata ao macaqueá-lo. Vai se tornar difícil de não olhá-la de frente, e será necessário perturbar seu jogo, e, lá também, como o dizes, "refazer um mundo dissolvido".

FM – Tua relação com a poesia hispano-americana tem variações muito amplas, que vão da leitura à tradução, essa forma de intimidade que é mais que um casamento.

Traduzir Roberto Juarroz, ao mesmo tempo que Luis Alberto Crespo, é como penetrar em mistérios distintos por entradas ainda mais distintas. Fala-me um pouco dessa tua experiência.

MR – De fato, essa forma de leitura em que os dois textos, as duas línguas estão já um em frente ao outro e *en regard* do outro, e se refazem um ao outro, eu a conheci no liceu com o latim e o grego e apenas tive que reencontrar esse prazer, primeiro com o italiano, Montale, Pasolini, Ungaretti, depois com Lezama, Juarroz, Luis Alberto Crespo. Por fim, com as poesias inglesa e americana. Essa metáfora amorosa da tua pergunta, "penetrar em mistérios distintos por entradas distintas" e tua observação sobre "aprender tua língua para desfazer toda a minha poesia" porque "nós somos, quem sabe, penhores da língua", dizem bem o que é a tradução, e talvez o que seja a poesia. O corpo do poema é de todos os objetos de linguagem aquele que recebeu a estrutura mais marcada, aquele que palavra a palavra atou com o maior número de palavra o maior número de laços na maior velocidade: talvez ele saiba que está consagrado a ser transportado, valha o que valer, pela memória, mesmo posto em peças por ela e reduzido a seu *incipit* ou a um ritmo isolado, a partir do qual se quererá – é o contrário exatamente da pornografia – voltar ao corpo inteiro do poema, inesgotavelmente. Talvez ele saiba que está consagrado a passar em um outro corpo – uma outra língua – e que lhe será preciso opor essa resistência bravia sem a qual a transformação dos dois corpos um no outro não poderia acontecer. Aconteceu-me de reencontrar, anos depois em um dos meus textos, aos poucos, a sombra de uma frase de Juarroz, que tinha muito tempo viajado até lá, por meio de leitura e traduções repetidas. No dia mesmo de meu retorno à França, o puro-sangue árabe de Luis Alberto Crespo se deslizou até a minha orelha: abri os olhos, estava na estação de Avignon, procurando as palavras, nomeando-o já confusamente *collecteur des ombres* (coletor das sombras).

FM – És mais ou menos um clandestino absoluto [risos]… Poesia e clandestinidade, um bom assunto, não? Crês que a imaginação seja uma forma de clandestinidade?

MR – O título, cômico, de *"clandestin absolu"* (clandestino absoluto) (mais ou menos absoluto) e os risos, salutares, me obrigam a um esforço de lucidez. Sou clandestino no sentido de que eu não publiquei livro algum, nunca com provas corrigidas, jamais fiz objeto de artigos ou de leituras por um ato, jamais fiz objeto de traduções, jamais participei de colóquios (dos quais o objeto seria, por exemplo, "poesia e clandestinidade"). Li, às vezes, com outros, diante de um público restrito, umas vinte pessoas. Juan Luis Delmont traduziu rapidamente em espanhol, em outubro, os poemas ainda manuscritos que eu escolhera para o XII Festival de Poesia de Caracas, para o qual fui apenas convidado em razão de nossa tradução de Santos Lopez. Essa entrevista é a primeira da minha vida.

Enquanto contista e professor, sou um profissional da leitura em voz alta. Isso não me impediu, quando de minha intervenção em Caracas, de perder um texto que eu tinha nas mãos, ou de não achar mais a ordem na qual eu queria ler meus poemas. Eu estava, na minha opinião, muito longe da performance, a anos-luz de Jaramillo Escobar ou de Reynaldo Jimenez, que têm, ambos, em direções diferentes, *pensado e musicalmente executado* a performance. Por causa disso me ative, para mim, a uma grande fragilidade, a um não profissionalismo roçando o amadorismo.

A parte mais consciente dessa relativa clandestinidade – publiquei às vezes em revistas, de preferência confidenciais – se atém justamente a essa fragilidade do poema, não digo da poesia, pois é uma palavra, como a palavra poeta, da qual mantenho distância: o poema é frágil no sentido em que este aperto de mão do qual fala Paul Celan alcança, quando alcança, muito dificilmente, seu leitor ou ouvinte – um caminho subterrâneo ao fim do qual restam apenas algumas palavras entregues ao trabalho da memória, postas em perigo de ser mal compreendidas em razão do próprio mito da poesia e do poeta. A luta pela forma, pela duração por meio da solidão da forma é uma luta com e contra a memória. Nada está garantido na chegada. A profusão barroca o sabe, como o haikai o sabe. Pois o poema luta com os milhares de outros, já que "eu" não é "um outro" como dizia Rimbaud, mas milhares de outros: o mundo inteiro, nele, resiste.

Acrescento que o clandestino, aquele que, escondido com outros, refaz incansavelmente um mundo desfeito, do qual ele contém, como nenhum outro, os pedaços nele, algumas vezes mais fortes que ele, o clandestino não deseja o salário ilusório da imortalidade, mas sim sair da sombra, de repente, totalmente inteiro, um sobrevivente como outros e que teve necessidade da sombra para se encontrar e sobreviver.

A imaginação é uma forma de clandestinidade no sentido em que ela elabora em segredo seu próprio logos e surge no tempo que ela escolheu: todos os formalismos nada poderão mudar nela, mesmo se o exercício muscular regular e o conhecimento teórico permitem, em uma certa medida, estar pronta para acolhê-la, até mesmo ir contra ela, a suportá-la em todos os sentidos do termo.

A imaginação é clandestina enquanto ela é esse caroço descentrado a que você não tem livre acesso. As palavras de Blanchot sobre a filosofia podem ser transpostas para cá: "É preciso se levantar cedo para isso, é preciso vigiar com uma vigilância que vigia a noite e até mesmo não se deixar tentar pela outra noite. É preciso, enfim, falar perigosamente e perigosamente guardar o silêncio, rompendo-o totalmente".

FM – Pasolini falava de cinema, de poesia. Dizia que o cinema tem que construir seu próprio mito. Parece-me que tu concebes um vínculo muito forte entre poesia e cinema. Até que ponto a poesia aprendeu com o cinema e construiu seu próprio mito? O que pensas do emprego das técnicas de montagem do cinema aplicadas à poesia, ao poema?

MR – Como o cinema, o poema foi por muito tempo uma arte popular, uma técnica de improvisação estreitamente ligada às circunstâncias da vida; como o cinema, consiste ainda fundamentalmente em colocar uma câmera diante da realidade. Pasolini falava do cinema como linguagem da realidade. A narração vem só depois. Ambos têm em comum – também, eu o digo em desordem – um efeito obsessivo, ainda que parcelar e imprevisível, sobre a memória: lembramo-nos de versos, de gestos de atores, de planos, de uma luz, de um ritmo. Como o cinema, o poema é tributário do número daqueles que o fazem: o cinema necessita de um coletivo sem o qual o filme não existe, e esse coletivo impede com frequência também que o filme exista, segundo sua configuração econômica, as relações de poder, o peso dos produtores etc.... O poema, eu disse acima, luta com esses milhares de "eu" que a linguagem contém, que são igualmente "outros". Como o filme, o poema deve construir essa aparência de maestria, de captura do mundo, do espectador ou do leitor, essa fascinação demiúrgica, para melhor destruí-la no momento da verdadeira, breve, memorável captura. Giorgio Bassani escreve: "Se, nos versos que escrevia, eu queria acolher a nova realidade que se impunha ao meu espírito, toda a nova realidade de mim mesmo e do mundo, então eu devia lutar sem piedade, sem a menor fraqueza, face a face com a natureza, contra o paraíso confinado do gosto e da cultura, contra o fácil paraíso dos primeiros afetos, para colocar inevitavelmente sobre fundo de idílio! Lacerar uma pele delicada, detestar o que eu mais amava; tratava de um risco necessário. É apenas sentindo a vida me abandonar que eu podia me autorizar a pousar sobre ela, sobre o palco do mundo, um olhar sereno, de *artista*, como se fazia antigamente".

Acrescento que um grande número dos meus poemas foi escrito, às vezes anos depois, a partir de sequência de filmes ou de documentários. Como o poema, o cinema é um *objeto ruim* para a crítica: muita "arte" em um, muita ilusão, produzida industrialmente, no outro. Reescrevendo as imagens de cinema, o poema embaralha os limites entre arte erudita e arte popular. Ele se mostra capaz, como o cinema, de aceder às citações instantâneas e imediatamente reconhecíveis de uma memória coletiva.

Quanto às técnicas de montagem comuns ao filme e ao poema, elas não se reduzem ao *cut-up*, de pedaços emprestados e de citações, visão muito estreita e mecânica da montagem: o próprio verso é uma técnica de montagem, assim como o branco; encontramos no poema tanto a montagem paralela quanto a montagem alternada, para não falar da montagem de atrações eisensteinianas. As alternâncias das apólices de caracteres, quando ela não se reduz a uma simples acumulação vanguardista, é também uma técnica de montagem: o outro laço estreito com o cinema está também na densidade extraordinária das operações simultâneas que se fazem entre os planos do filme como no interior de cada frase do poema. Duas escolas da *imperfeição*, absolutamente necessária, *absolutamente clandestina*, que rói a perfeição (esse mito do cinema, o acesso direto ao mundo, esse mito da poesia, o acesso direto ao inconsciente), apertando-a.

10

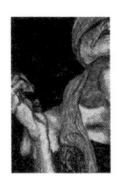

Milton Dias: memórias de um passeante

Em 1996, por ocasião de uma comemoração do centenário de nascimento de André Breton, à qual compareci como convidado, ali eu me encontrei com o poeta e ensaísta francês André Coyné, que também daria uma conferência, e ele, ao saber que eu era de Fortaleza, indagou-me se havia conhecido Milton Dias. A pergunta tomou-me de espanto, e lamentei não ter sido possível lhe contar muito a respeito de Milton, com quem estive apenas por duas rápidas vezes. Segundo Coyné, a Aliança Francesa instalou-se em Fortaleza em 1957, tendo sido este o motivo de sua primeira viagem ao Brasil, aqui residindo por dois anos, quando vivera um pequeno *affaire* com o cronista de *Cartas sem resposta* (1974), então o principal responsável por essa ponte jamais de todo estimada entre Fortaleza e Paris.

Ao contrário, foi Coyné quem me ensinou algo a respeito de Milton, a íntima riqueza dessa condição de passeante que, se é comum a todos os cronistas, nele possuía um sabor especial, justamente pela maneira como conseguia aproximar da cultura francesa uma Fortaleza bastante arraigada a seu provincianismo. Era frequente em seus textos referências a poetas como Villon, Vlliers de l'Isle-Adam, Baudelaire, Apollinaire e Jacques Prévert, por exemplo, referências que não apresentavam traços de pedanteria ou subserviência. Milton sentia-se bastante ambientado nessa cultura *outra*, e a relação com Coyné e mesmo suas viagens a Paris foram tecendo uma intimidade que tratava de enriquecer-lhe o próprio ambiente das crônicas, em geral memórias com um enganoso tom nostálgico.

Essa nostalgia algo ardilosa é bastante comum encontrá-la em cronistas, em geral passeantes que procuram restabelecer certo vínculo perdido entre filosofia e cotidiano. Milton passeava muito bem pelas ruas da memória, a elas mesclando alguns toques de idealização de uma realidade nunca encontrada em sua terra, mas que de alguma maneira frequentava em Paris e, sobretudo, na leitura dos autores mencionados. Ao escrever sobre um outro cronista, João do Rio (1881-1921), destacou Raul Antelo que ali se retratava a cidade mais no âmbito de uma "representação babélica e monumental da ideologia republicana no auge de seu poder" do que apenas um "simples espaço ou cenário de transformações". Parece-me haver certo exagero ou confusão entre intencionalidade e representatividade de uma obra literária. No entanto, mesmo havendo coincidências nos dois autores, no que se refere a esse sentimento de nostalgia aludido, cabe perguntar até que ponto a pena de Milton tocava as feridas de uma oligarquia muito bem sedimentada em Fortaleza.

Nas crônicas de Severo Sarduy (1937-1993) também se poderia observar – lembrando aqui um mesmo diálogo fascinante estabelecido pelo cubano com a cultura francesa, que se dissocia do cearense pelo fato de que Milton residiu a vida inteira em Fortaleza, dela ausentando-se apenas como um *flaneur* –, pois bem, uma mescla de observações ou percepções da realidade em que está metido com as lembranças pessoais. Tanto em Sarduy quanto em Milton Dias não encontramos, por exemplo, a verticalidade do olhar de um João do Rio. Teríamos aí caracterizados dois tipos de passeantes. Um estaria empenhado em identificar e preservar os sentidos da natureza, enquanto que um outro se interessaria por modificá-la, influir de forma a romper com certas estruturas sociais.

Ora, já não cabe discutir engavetamentos estruturais ou estilísticos, compartimentar a produção artística como se estivesse à disposição de colecionadores de traços comuns, obviamente expurgando tudo o que se mostre como incomum. É praticamente inexpressiva a fortuna crítica com que podemos contar a respeito da obra de Milton Dias, e percebo hoje que a mesma encontra-se toda como que limitada a uma discussão em torno de gêneros literários. Milton era bastante consciente de certa rejeição, por parte da crítica brasileira, em aceitar a crônica como tal. Contudo, era igualmente ciente das inúmeras possibilidades que esses gêneros de exceção poderiam alcançar justamente tomando em conta as múltiplas perspectivas de fusão com outros já estabelecidos. Assim é que soube admiravelmente mesclar memorialismo, epistolário, conto e poema, tudo isto sob a intencional defesa de uma crônica que se renovava e que não podia mais ser entendida como subgênero literário.

Esse ímpeto generalizado de renovação identifica-se com toda uma geração, em referência ao grupo de artistas e intelectuais reunidos em torno da revista *CLÃ*, que sempre me pareceu o momento mais substancioso, no quadro nacional, dentro daquilo que se conhece como Geração de 45, um espectro tão vasto quando inconciliável entre si. Neste momento, cujo rol de valiosas particularidades jamais estimadas por nossos críticos inclui uma estratégica ligação com o âmbito das artes plásticas, configurando uma ação comum bastante fecunda, pertenceu o cronista de *Fortaleza e eu* (1976).

Mesmo sendo, como já disse, quase inexpressivo o material crítico com que se pode contar a respeito da obra de Milton Dias, me parece ainda mais criminal a dispersão – sim, a considero sob um prisma intencional – no que diz respeito à geração do autor de *Entre a boca da noite e a madrugada* (1971) como um todo. Milton inscreve-se em um momento fundamental de nossas letras, que particulariza não uma condição local, mas sim nacional. Tenho naturalmente restrições a certo alheamento estratégico no enfoque de suas crônicas, mas não posso deixar de considerar a maestria com que soube entornar o caldo de certos vícios de linguagem. Se não frutificou entre nós ainda me parece que em grande parte o motivo seja essa dispersão congênita – aqui no sentido de acomodada – da cultura cearense como um todo.

Hoje, a crônica que assim se apresenta em nossa imprensa é um retrato falido de um gênero que já soube ir além do saudosismo tacanho, da visão apequenada de mundo de quem quer impor a parte ao todo. Milton soube beneficiar-se de suas influências. A exemplo de Antonio Bandeira, era um homem banhado pela cultura francesa que em momento algum perdeu o espírito moleque que nos caracteriza. Não se tornou vassalo da cultura *alheia* nem vozeiro do provincianismo local.

A edição de uma seleta de suas crônicas, *Relembranças* (1985), levada a termo por José Hélder de Sousa, possivelmente hoje se mostra como insuficiente, ainda que siga como receita para vestibulares. Hélder é um saudosista nato e acabou *relendo* a obra do autor de *As cunhãs* (1966) apenas sob essa perspectiva. Caberia um volume mais generoso e compreensivo dos meandros intimistas com que Milton Dias buscava se relacionar com o mundo. Como disse ao princípio, acabei aprendendo muito a respeito deste nosso admirável passeante graças ao que me contou André Coyné. A condição homoerótica de Milton Dias, que o aproxima de João do Rio e Severo Sarduy, o mesmo em relação a Antonio Bandeira, naturalmente realça o reprovável de uma sociedade, ao mesmo tempo em que salienta certa sensibilidade para a percepção do outro. Isto não quer restringir uma perspectiva ou ângulo de visão, mas antes lembrar a condição múltipla do mesmo *jeito* de ser. Milton Dias é um valioso cronista de uma época, vivida por ele, não simplesmente na verve de um crítico de seu tempo, mas como observador algo saudosista de um mundo idealizado. Nisto estaria mais como um poeta do que como um cronista. Mas a quem interessa dissociar esses fragmentos de lucidez?

11

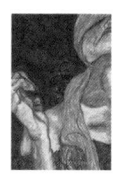

Uma ilha chamada Pablo Neruda

Disse certa vez o poeta chileno Enrique Lihn (1929-1988) que não via razão na inclusão de Borges entre os fundadores da poesia hispano-americana por considerá-lo formalmente conservador, inclusive salientando a previsibilidade de seus recursos métricos e rímicos. O contributo inquestionável de Borges seria pautado por aspectos outros que não o da estruturação do poema. Talvez se pudesse fazer observação bem próxima no tocante ao chileno Pablo Neruda (1904-1973). Em entrevista que fiz ao mexicano Gerardo Deniz (1934), disse-me que Neruda dificilmente resistiria ao tempo não fosse seu vínculo com o comunismo, o que implica em dizer que não há sustentação poética em sua obra, mas antes uma fascinação de natureza ideológica por seu personagem.

Para Deniz: "o prestígio de Neruda é um mistério que, por sorte, me é indiferente", e acrescenta: "estou convencido de que, sem seu comunismo, nem Vallejo nem Neruda seriam tão apreciados". Em meus diálogos com o crítico espanhol Jorge Rodríguez Padrón, disse-me que "o Neruda dos anos 30, em torno de *Residencia en la tierra*, vertiginoso e revelador, apagou-se em seu empenho de assumir a impureza como ditado único para sua escritura". Recordemos que o primeiro volume de *Residencia en la tierra* surge em 1932. Prossegue: "Este desvio voluntário (eu diria que obrigatório, desde a coerência ideológica que aceita, a partir de então, sua poesia) fechar-lhe-ia todo acesso ao espaço renovador (e verdadeiramente poético) que, nesse mesmo trecho cronológico, abriram e habitaram Lezama e Westphalen e Gorostiza (e não menos Moro, Martín Adán ou Girondo), para configurar essa vanguarda outra que é a que Octavio Paz empenha-se em identificar com o período do segundo pós-guerra, centrado na experiência poética que ele próprio protagoniza".

Quem situa Neruda entre os "fundadores da nova poesia latino-americana" é o crítico argentino Saúl Yurkievich (1931), em livro homônimo publicado na Espanha em 1971. Antes de tudo, em sua ambição canônica, Yurkievich exclui o Brasil da América Latina, ao mesmo tempo em que torna discutível sua noção de fundação ao desambientar cronologicamente sua tese. Um exemplo disso é incluir ali o argentino Oliverio Girondo (1891-1967), quando se sabe que a essencialidade de sua poesia radica em um livro publicado em 1954, *En la masmédula*. Antes, para citar um único exemplo, o mexicano José Gorostiza (1901-1973) já havia publicado, em 1939, seu *Muerte sin fin*.

O livro de Yurkievich traz dois largos ensaios dedicados ao poeta chileno. São duas abordagens do mito:

uma fundada na imaginação e outra de cunho histórico. A primeira refere-se a livros como *Crepusculario* e *Tentativa del hombre infinito*, enquanto que a segunda detém-se no estudo de *Canto general*. Em ambos não se situa a poesia de Neruda à luz de sua contemporaneidade. Uma única passagem estabelece alguma conexão, quando o próprio Neruda compara sua poética à de Huidobro. Diz ele: "apesar da infinita destreza, da divina arte de jogral da inteligência e da luz e do jogo intelectual que eu admirava em Vicente Huidobro, me era totalmente impossível segui-lo nesse terreno, devido a toda minha condição, todo meu ser mais profundo, minha tendência e minha própria expressão, serem a antípoda da destreza intelectual de Vicente Huidobro".

O crítico venezuelano Guillermo Sucre (1933) – autor de um dos mais fundamentais estudos sobre a poesia hispano-americana, *La mascara, la transparencia* (1985) – justifica o que digo ao situar a obra poética de Neruda como um dos "grandes e monumentais solilóquios" da poesia hispano-americana, fazendo falta "vê-la em diálogos com outras". Na verdade, acrescento, bastaria situá-la no universo chileno correspondente àquela geração que verdadeiramente funda a modernidade no Chile: Gabriela Mistral (1889-1957), Vicente Huidobro (1893-1948) e Pablo de Rokha (1894-1968) – ou seja, sua própria geração – à qual integram-se outros nomes de importância cimeira: Rosamel del Valle (1901-1965) e Humberto Díaz-Casanueva (1907-1994).

Mistral soube dosar com argúcia o espanhol herdado de Castella à linguagem nativa de inúmeros países hispano-americanos. Viajante incansável, tinha por declarada essa intenção de "mesclar vocabulários", de maneira a contribuir – segundo pensava – para a definição de alguma mínima identidade. De Rokha era, por sua vez, tão impetuoso e irregular quanto Neruda. De escrita delirante e profunda, segundo Díaz-Casanueva "escreveu alguns dos versos mais belos da poesia chilena e também alguns de seus piores e mais vulgares". Quanto a Huidobro, cuja essência poética tem sido erroneamente drenada entre nós, é o poeta da eficácia dessa multiplicidade expressiva buscada por todos, havendo condensado-a em um universo próprio, intrigante e renovador.

Díaz-Casanueva era um desses entranháveis poetas do obscuro, cuja poesia transbordava imagens as mais insólitas, sem, no entanto, incorrer em uma erupção gratuita das mesmas. Seria interessante por a dialogar o Neruda da série *Residencia en la tierra* com a escritura abissal de *El blasfemo coronado*, este de 1940. Quanto a Rosamel del Valle, ainda menos difundido fora de seu país, seu largo poema-livro *Orfeu* (1944) e *Fuegos y ceremonias* (1952) já seriam suficiente para lhe garantir um lugar de destaque na poesia hispano-americana. Segundo ele próprio, "a poesia obedece a um esforço da inteligência, a um controle vigoroso da sensibilidade e sua expressão extrai o ser do sonho em que se agita".

Há aí um contraste com a defesa do alheamento estético que pleiteava Neruda. Basta recordar uma carta sua ao amigo Héctor Eandi, datada de 1928, em que diz: "O poeta não deve exercitar-se, há um mandato para ele e é penetrar a vida e torná-la profética: o poeta deve ser uma superstição, um ser mítico… a poesia deve carregar-se de substância universal, de paixões e coisas". O curiso é observar que Rosamel del Valle escreveu uma poesia verdadeiramente delirante e carregada de uma maior substância poética.

Se ampliarmos o foco e tomarmos a América hispânica como um todo, veremos que correspondem à mesma geração de Neruda expressões como os peruanos César Vallejo (1892-1938) e César Moro (1903-1956), os colombianos León de Greiff (1895-1976) e Aurelio Arturo (1906-1974), os argentinos Oliverio Girondo (1891-1967) e Jorge Luis Borges (1898-1986), os mexicanos José Gorostiza e Xavier Villaurrutia (1903-1950), o equatoriano Jorge Carrera Andrade (1903-1976) e o guatemalteco Luis Cardoza y Aragón (1904-1992). Não seria arriscado ou irresponsável dizer que a poesia de Neruda não resistiria a uma comparação crítica com a de seus pares hispano-americanos.

Neruda era um poeta desmedido, irregular e, principalmte, obstinado pela enumeração, pela quantificação, o que o tornava essencialmente frívolo. Em sua obsessão por escrever sobre tudo e ao estilo de todas as modas literárias, jamais tratou com profundidade quaisquer dos problemas básicos da lírica. Exceto pelo fervor imagético da série *Residencia en la tierra* (1933, 1935) ou passagens ocasionais de livros como *Tentativa del hombre infinito* (1926) e *El hondero entusiasta* (1933) – segundo o crítico espanhol Ángel Pariente, "uma das etapas mais valiosas de sua larga produção", embora não avaliada corretamente por seus exegetas –, rara substância poética encontramos em uma obra tão extensa quanto desnorteada.

Dele disse com exatidão o ensaísta porto-riquenho Joserramón Melendes: "Esse poeta enciclopédico limitou-se à quantidade. Neruda escreveu um poema de cada coisa. O universo tradicional que lhe legaram foi assumido por ele como repertório ou roupeiro, alternadamente: ou vestia uma escola ou mentalizava um objeto". No epílogo à 2ª edição de *Laurel*, antologia da poesia moderna em língua espanhola organizada por Xavier Villaurrutia e Octavio Paz, este último, ao situar a recusa de Neruda em participar de tal projeto, observa: "Como tantos, Neruda padeceu o contágio do estalinismo", acrescentando que "essa lepra apoderou-se de seu espírito porque se alimentava de sua egolatria e de sua insegurança psíquica".

Sobre a personalidade de Neruda, podemos ler o capítulo a ele destinado no livro *O continente submerso* (1988), de Leo Gilson Ribeiro. Embora haja um excesso passional no relato da situação, esse texto nos informa acerca de exibicionismos e mesquinharias, não deixando de mencionar o ideário de maquinações do chileno para garantir sua nomeação ao Nobel, o que se deu em 1971. Neruda não possuía o mínimo apreço por seus pares. Pode-se dizer dele que era um cafajeste exemplar – com sua ambiguidade retórica: adorável e indesejável. Pouco entendia de poesia, e menos ainda nela estava interessado. No Chile se conhece bem a acusação – tratada como verdadeiro epitáfio – de

Pablo de Rokha, que evidenciava os equívocos ideológicos de Neruda.

A publicação recente de *Cadernos de Temuco* não passa de um acontecimento editorial, sem qualquer importância poética. Pode fazer a festa entre biógrafos, mas nunca despertar interesse entre os cultores de uma grande poesia. São versos de "um rapaz que somente tem quinze anos" e que os escreve "mordido de amargura", como diz o próprio autor, constituindo uma tediosa sequência de vulgaríssimo romantismo. Encanta mais o périplo que lhe foi destinado: Neruda pediu à irmã que guardasse seus manuscritos e esta os presenteou a um sobrinho que, por sua vez, os vendeu a um colecionador, que os revendeu a uma editora que os acabaria leiloando a seguir, encontrando na viúva do poeta a recusa em adquiri-los, desfazendo a cadeia que seria retomada posteriormente graças ao enigmático aparecimento de uma cópia dos originais. Uma a mais entre as inúmeras histórias em torno desse "grande mau poeta", como a ele referia-se o espanhol Juan Ramón Jiménez.

Um encontro com Per Johns

O ficcionista Per Johns (1936), filho de imigrantes dinamarqueses, tem conquistado com admirável eficácia uma ponte entre o duplo mundo que habita sua condição de bilíngue. Seus livros, publicados tanto no Brasil quanto na Dinamarca, refletem tal condição, ao mesmo tempo em que dimensionam uma voz poética vigorosa. Per Johns é autor de romances como *A revolução de Deus* (1977), *As aves de Cassandra* (1991) e *Navegante de opereta* (1998). Tem sido também um incansável tradutor de escritores dinamarqueses.

FM – Estimando tua condição de filho de imigrantes – esse ser ambíguo e privilegiado, ao mesmo tempo estrangeiro e nativo –, pode-se ligá-la à condição essencial do poeta, vivência a partir de um duplo exílio, em que a realidade será sempre observada sob dois enfoques: o dentro e o fora de cada evidência. Querer viver simultaneamente nos dois mundos, o factual e o onírico, esta seria a obsessão central de Per Johns?

PJ – É uma síntese adequada do sentido profundo de minha trilogia, uma duplicidade radical, de raiz. E chamar de obsessão esse duplo exílio não me parece fora de propósito. Ele se esgalha em múltiplos aspectos. Acoplada à duplicidade ou inerente a ela existe a estranheza de uma vida que se afasta de si mesma, que se observa e se manipula de fora para dentro. Nesse sentido, o mundo onírico é mais verdadeiro do que o factual, porque se reporta a raízes que o mundo factual – vale dizer, construído – perdeu de vista. A cisão dos personagens não é só dos personagens; é de nossa cultura coletiva. O que distingue os personagens *ficcionais* das pessoas *reais* é a consciência da cisão. O risco de ser chamado de louco.

FM – Umas curiosidades soltas: a verossimilhança é aspecto levado em conta? A intensidade se contrapõe à densidade? Há abordagens de maior ou menor significado? Quais os truques para se deslocar a fonte da confidência? Calma. A pergunta é outra. Até que ponto a dissecação de um texto pela crítica corresponde à inquietude criativa?

PJ – A dissecação de um texto corresponde à vivissecção de um o organismo. Passa-se a compreender como funciona o mecanismo, suas partes interligadas, mas mata-se o *significado*. Sacrifica-se a vida, que é um dentro inextrincável. Em outras palavras, a vida é sempre *particular* e inapreensível. Nesse sentido, para ater-me a um exemplo que me é caro, eu perguntaria: são verossímeis as aves de arribação? Explicam-se?

FM – Defende Milan Kundera que um romancista deve sistematicamente dessistematizar seu pensamento, dar um pontapé na barricada que ele mesmo ergueu em torno de suas ideias. O que pensas a respeito?

PJ – Um dos personagens nodais de *Navegante de opereta*, o professor Frater Taciturnus, é uma encarnação clara desse pensamento de Kundera. Ele está sempre dando pontapés nas barricadas que o defendem de si mesmo, pondo-se solto no ar, sem chão, fadado a recomeçar sempre. Como Sísifo. O narrador define o que ele quer dizer, assim: "Em suma, joga-se fora a escada com que se subiu pergunta acima". Tenho muitas afinidades com Kundera. Tangenciamo-nos. A propósito, fui um dos primeiros a mencioná-lo no Brasil, em artigo para o jornal *O Globo*, em 05/11/1978.

FM – Ao conversarmos sobre uma menção a Stefan Zweig, em entrevista que fiz ao poeta Donizete Galvão, me disseste: o pior da guerra é que seus horrores são, por assim, dizer higienizados com a traição das palavras, justamente a ferramenta de trabalho de quem precisa se concentrar na poesia. Vivemos em uma sociedade em que as palavras são traídas constantemente. Ao serem esvaziadas de sentido, perdem por completo qualquer valor. Curiosamente esse esvaziamento de sentido é compactuado por algumas tendências estéticas – quer pensemos na poesia pura ou no Concretismo. Como restaurá-las?

PJ – Acredito que só seja possível com a restauração de um hábito que se vem perdendo, o da leitura. Mas não a leitura *dinâmica* ou quando o ato de ler é meramente acessório. Ler, no sentido em que uso o termo, implica a redescoberta da multiplicidade de cada palavra, não meramente etimológica, mas existencial. Um reviver as palavras. Ocorre-me sempre como exemplo desta revivescência necessária – que é lenta, e antes se conquista do que se apreende – o nome dos lugares de um país como a Dinamarca. São os mesmos de priscas eras. Não foram modificados; estão na raiz da língua. Cada nome de lugar – até certo ponto incompreensível para um usuário do idioma atual – tem uma riqueza semântica que restaura o significado do ato de ler, vale dizer, é um mergulho em estratos, por assim dizer, paradoxalmente, indizíveis. Entendo que cada pessoa tem o seu próprio e intransferível horizonte de leitura. Mas como restaurá-lo, não saberia responder.

FM – Algo intrigante: Beckett buscava o que ele próprio chamava de desintegração completa, ou seja, nenhum eu, nenhum ter, nenhum ser. Já o João Cabral optou por uma poesia em que o eu não falasse diretamente, mas sim por meio das coisas. Quaisquer que sejam as técnicas empregadas, não acreditas que toda criação seja autobiográfica? Tais técnicas aparentemente insólitas não te parecem apenas variações de uma afirmação humanista, que surgem exatamente a contrapelo de uma banalização do ser humano?

PJ – Transferiria o que disse da leitura para a vida. Ao contrário de ter uma vida que é de todos, urge que as pessoas tenham uma vida que é sua. É claro que isso só é possível em termos oníricos e não factuais. Por trás das identidades palpáveis que o cotidiano impõe é preciso que cada um descubra seus veios oníricos diferenciados, e viva-os, aquém e além de todas as necessidades práticas. Abre-se aí uma riqueza de perspectivas que é o contrário da banalização e do tédio de estar a todo instante à procura de qualquer coisa exterior, desprezando o manancial de si mesmo. Pelos mesmos motivos, deve-se entender qualquer criação autêntica como necessariamente autobiográfica. A objetividade é fruto de uma escolha.

FM – Não escondo minha predileção, diante de tua obra, por *Navegante de opereta* (1998), por encontrar ali o melhor retorno à ficção, no sentido de uma unidade entre lírica e narrativa. Trata-se, portanto, de escrever não governado pelos ditames de um gênero literário, mas sim pela fascinação que lhe desperta sua visão de mundo por meio da escrita?

PJ – Acredito que toda minha obra se assenta em um tripé: a narrativa, a poesia e o ensaio. Estão misturados, não podem ser separados. Os três estão sempre juntos, embora haja predominância de um ou outro dependendo das circunstâncias. Por sua própria natureza e por sua posição dentro da trilogia, o *Navegante de opereta* é mais reflexivo e panorâmico. A característica do personagem dúplice radica em uma unificação que, nem bem se impõe, e já se estilhaça de novo em múltiplas imagens, em que se alternam veios ensaísticos, poéticos e ficcionais, mas o fio da meada da urdidura é a baba de aranha, como vem expresso na pequena quadra que sintetiza o personagem: *De minha baba / Vou tecendo os fios / Da teia dura e diáfana / Que em mim me emaranha.*

FM – A viagem interior rejeita toda cartografia prévia. Não se realiza na racionalização, mas antes na identificação. O curso seguido por uma persona dupla, na verdade uma conjunção entre protagonista e antagonista, no decorrer desta tua trilogia, não é senão uma afirmação da essencialidade da personalidade. Recorrendo a uma imagem tua, até que ponto a conquista de uma voz própria é filha de um fracasso luminoso?

PJ – A viagem interior é a única possível, no sentido de obedecer não só ao factual, mas ao onírico. De certo modo, a viagem interior que se dá do lado de fora na viagem que se locomove, corresponde àquela procura jamais saciada da paisagem própria e intransferível a que se referia Rilke, uma espécie de correlativo objetivo. Mas temos de contentar-nos com aproximações, rastros, vestígios. O quanto basta para manter viva e verdadeira a irrealidade do onírico diante da falsa realidade do factual. Em suma, uma procura que se mostra verdadeira mercê dos vestígios que semeia. E, assim, entenda-se que o *fracasso é luminoso* por sê-lo ao mesmo tempo no âmbito factual e um sucesso no âmbito onírico. Vem a ser a conquista da única voz possível, mas que corre um risco permanente de se perder em um balbucio.

FM – Observo com curiosidade a inclusão de um desenho de Paul Valéry na capa de teu *Navegante de opereta*, livro que traz em sua coda uma epígrafe de Clarice Lispector. Novamente a paixão pela contradição? René Magritte refere-se à precisão de Valéry lamentando que seja destituída de paixão. Ao contrário, a paixão de Lispector não raro carece de precisão.

PJ – A história de minhas capas é curiosa. As de *Cemitérios marinhos às vezes são festivos* e *Navegante de opereta* estão interligadas pelo contraditório elo de Paul Valéry, no primeiro caso mercê de uma foto que eu mesmo fiz em Sète, no magnífico cemitério marinho em que foi sepultado o poeta. E no segundo, graças a um desenho do próprio Valéry, em que retrata Zenon de costas para o mar e a vida. Mas não é uma ligação acidental. Tanto em um livro como em outro, insere-se como elemento absolutamente central o poema *Le cimetière marin*, que é provavelmente único na obra de Valéry, por ser não só autobiográfico como, de certo modo, passional. Ou por outra, por ser *contra* Valéry. Simbolicamente é como se ele próprio, talvez involuntariamente, estivesse a ilustrar no desenho a veemência quase passional de um dos últimos versos do poema: *Le vent se lève!... Il faut tenter de vivre!* E assim, na visão do protagonista do *Navegante de opereta*, ensaiasse uma espécie de *mea culpa*. Toda a trilogia é um embate entre precisão e paixão, justificativa suficiente para a epígrafe aparentemente contraditória de Clarice Lispector, na coda.

FM – Recorto uma colocação tua: acredito que só há possibilidade de organicidade na fragmentação. Refiro-me, então, ao Kundera uma vez mais: os trechos fracos de uma obra e sua essencialidade. Se pensamos em suspense, paixão e terror, imaginamos alguém apreensivo, embevecido, assustado. Mas nenhum romance é inteiramente isto ou aquilo. Seus trechos menores não viriam exatamente de uma falha de interpretação, incluindo aí o equívoco da catalogação genérica?

PJ – Para entender que fragmentação significa mais do que uma coleção de fragmentos, repetiria o que antes já disse. A ideia de que o romance abriga um universo em que entram o ensaio, o poema e a narrativa propriamente dita. Um espelho da vida. Nesse sentido, o *fluxo de consciência*, no *Ulisses*, de Joyce, é antes um agrupamento de estilhaços do que uma narrativa, espécie de instantaneísmo tradicional. E pois, se é que entendi a pergunta corretamente, não existem trechos *menores* e *maiores*. Existe um todo indestrutível, mas, se possível, vivo.

FM – Em grande parte a rejeição do Surrealismo a Jean Cocteau deu-se a partir do preconceito de Breton em relação à homossexualidade. E havia um caráter judicioso incontestável na palavra deste. Quando Cocteau diz que sem resistência nada se pode fazer, tem-se o mesmo raciocínio de João Cabral ao defender a necessidade da rima por se tratar de um obstáculo. Lembrei-me de Cocteau por uma afirmação dele de que a arte é um sacerdócio terrível. Concordas?

PJ – Parece-me que a arte tem, de fato, algo do sacerdócio, no sentido de sua tentativa de chegar ao fundo do poço do humano. *Ad astra per aspera*. Chafurdo no desagradável ou naquilo que não é mencionado, para chegar à compreensão do agradável, do belo, do ordenado, ou, que nome se queira dar, do desejável. É um obstáculo a ser superado, sem dúvida. E parece-me que é o que distingue a arte feita de sangue e entranhas da arte de ouropéis. Em um caso, o espectador ou leitor se esforça para participar, e é sempre desagradável esforçar-se, e no outro, flana sem surpresas sobre um mar de obviedades.

FM – Em entrevista concedida ao Ivan Junqueira, mencionas que alguns grandes escritores brasileiros são mais cultuados do que propriamente cultivados. Concordo contigo acerca da enorme vitalidade de nossa literatura. Está claro que somos nosso próprio e único problema. Em parte há o fato de que essa literatura deixou de ser vista de forma interligada. Contudo, a raiz dessa anulação de perspectiva me parece ser a instalação do que chamas de colônias privilegiadas. Na prosa, esta ação entre amigos fez com que fosse diluída a importância da obra de autores como Cornélio Pena, Lúcio Cardoso, Aníbal Machado, Campos de Carvalho. Já no verso, raramente percebemos a grandeza da obra de Emílio Moura, Dante Milano ou Dora Ferreira da Silva. Quais os focos dessas colônias?

PJ – Provavelmente não é um fenômeno só brasileiro. É humano, somos gregários por natureza e, um pouco, avestruzes. Juntar-se em colônias de *donos da verdade* é sempre mais confortador do que aventurar-se na incerta batalha da dúvida. Uma terra de ninguém. A tese certa de hoje desafia a nenhuma tese de sempre. Perceber o quanto há de demoníaco na chamada realidade e na sucessão de verdades, cronológicas e locais, é um convite ao desespero. E ao mesmo tempo, paradoxalmente, a única possibilidade de redenção. Ilustra-o de forma paradigmática uma obra-prima de todos os tempos: *Medo e tremor*, de Soeren Kierkegaard. É impossível sair de sua leitura como se era antes. Recomendo-a a todos aqueles que querem começar por salvar-se a si mesmos antes de salvar o próximo.

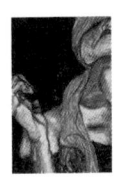

Robert Graves: uma experiência fantástica

> Evocar a posteridade
> É chorar diante de teu próprio túmulo,
> Falando como ventríloquo aos não nascidos:
> "Se pudesses estar presente em carne e osso, herói!
> Que coroas e que festins!".
>
> Robert Graves

Ao lermos a poesia de Robert Graves, compreendemos muito bem uma afirmação de Elias Canetti, no sentido de que "as palavras estão carregadas de uma espécie particular de paixão". Não é outro senão o próprio Graves quem nos diz que "a verdadeira prática poética exige uma mente tão milagrosamente afinada e iluminada que pode transformar as palavras, por meio de uma série de mais do que coincidências, em uma entidade vivente, em um poema que pode atuar por si só (durante séculos depois da morte do autor, talvez) afetando os leitores com sua magia armazenada". Tanto aqui como em todas as demais oportunidades em que tocou em tais assuntos, Graves foi sempre enfático em sua defesa da inspiração, essa transgressão propiciatória do *potens* poético. Seja a escritura automática proposta pelos surrealistas – na verdade uma saudável técnica de como despertar a inspiração, apesar de suas controversas leituras – ou os inúmeros recursos ao Soma, seguem válidas todas as maneiras de se tocar o espontâneo, de se expandir o fluxo da imaginação. Contudo, não se pode esquecer que "a poesia tem suas raízes nos princípios da artesania, guiada pela inspiração". Graves sempre esteve a lembrar que na raiz do termo arte (*ars*, em latim) encontramos a concepção grega (*artao*) de juntar, que nos leva diretamente ao sentido de artesania, apesar da degradação sistemática que o termo sofreu ao longo dos tempos. Dessa forma, sua crença na inspiração como fonte do poder criador da poesia, a exemplo do cubano José Lezama Lima, contemplava também a força ativa do verbo e o trabalho manual do poeta na definição de suas obras.

Filiado a uma linhagem romântica – extrapolando os limites do Romantismo enquanto escola literária, claro está –, costumava dizer que "um poeta da musa enamora-se absolutamente, e seu amor sincero é para ele a encarnação dela". Ao mesmo tempo em que lamentava que o ser sensível (em alguns idiomas latinos originalmente uma mescla de *sensitivo* e *vigilante*) tenha sido substituído pelo ser racional, na exata proporção em que o mistério foi se desfazendo. Em uma célebre entrevista a Edwin Newman, em 1970, assevera: "o que ocorre é que quando alguém começa a tornar público um mistério sofre um castigo severo", lembrando os trágicos acontecimentos *desatados* por Alexandre, o Grande ao *cortar* o nó górdio em lugar errado. Não se trata de exacerbada paixão pelo passado ou de ingenuidade diante do presente, mas sim de um profundo respeito por aquelas forças que foram rompidas ao decorrer da história da humanidade, cujos efeitos desastrosos nos fizeram chegar ao umbral deste milênio nas condições em que chegamos. Dizia, então: "a função da poesia é a invocação religiosa da musa; sua utilidade é a mescla de exaltação e de horror que sua presença suscita".

Robert von Ranke Graves nasceu em Wimbledon, ao sul de Londres, em 1895. Entre seus pares de língua inglesa encontram-se dois outros importantes poetas deste século, Hart Crane e Archibald MacLeish, por sua vez herdeiros de uma tradição poética já sedimentada por autores como William Blake, Emily Dickinson, Algeron Charles Swinburne, Gerard Manley Hopkins e William Butler Yeats. O londrino Robert Graves seguia a tradição bárdica inglesa, encontrando-se esta vinculada à do medievo oral épico, em que prevalece, a uma acentuada rigidez na métrica dos versos, o tratamento melódico em função da recitação. Sua paixão pela literatura inglesa o tornou um ardente estudioso, sobretudo das pressupostas origens da poesia. Dedicou-se também ao estudo de inúmeros idiomas e mitologias. Ao deixar o exército, em 1919 – fora convocado durante a Primeira Guerra Mundial –, decidira-se a jamais ter empregos em sua vida. Uma relativa exceção foi a cátedra de literatura inglesa na Universidade do Cairo, no Egito, em 1926 – "Ali era responsável somente perante o vice-reitor e não tinha predecessores ou assistentes. Ressalte-se que tive que comprar todos os livros para a biblioteca". –, experiência não muito extensa em sua vida. Três anos depois, já havendo retornado à Inglaterra, partiu para Deya, uma aldeia de pescadores em Palma de Mallorca. Ao partir, deixou publicada uma notável autobiografia de seus anos juvenis, *Goodbye to all that*, em que estão salientados os horrores da guerra e o desencanto amoroso que culminaria na inviabilidade de seu primeiro casamento.

Ao ser indagada acerca das relações entre a paixão e a escolha de uma forma de arte, respondeu Gertrude Stein tratar-se de uma relação íntima e total, visto que "não existe outra coisa que determine a forma". Se este essencial instante de ruptura em Graves não lhe decidiu exatamente a forma de seu trabalho, configurou nova norma de vida e lhe definiu um percurso a ser traçado. Ainda retornando a Londres, a residência em Mallorca passaria a ser fixa a partir de 1946, onde permaneceu até sua morte, em 1985. Naturalmente a residência fixa não o impediu de ir aos Estados Unidos proferir conferências em inúmeras universidades. Em seus noventa anos de vida, Robert Graves nos deixou, mais do que a assombrosa marca de mais de uma centena de livros publicados, a solidez inquestionável de uma obra poética, a peculiaridade do tratamento histórico que imprimiu em seus romances e – arriscaria dizer sobretudo – a fundamental discussão que propôs, em alguns casos pautada por ressonantes polêmicas, de temas conflituosos tais como as relações entre poesia e religião, artesania e tecnologia, além de suas agudas observações em torno do amor, do sonho, do mecanismo das alucinações, dos acessos da genialidade, entre outros incontáveis temas tão ao gosto da agudeza intelectual deste imenso poeta.

Graves escreveu seus primeiros versos em plena Primeira Guerra Mundial. Em 1916, já publicava *Goliath and David* e *Over the Brazier*, seguidos no ano seguinte por *Fairies and fusiliers*. Reportei-me à sua lúcida contribuição crítica ensaística, mas não devemos esquecer que a mesma jamais se distanciou de uma base poética. "Desde que tinha quinze anos a poesia tem sido minha paixão dominante, e nunca empreendi intencionalmente tarefa alguma, nem estabeleci qualquer relação que parecesse incompatível com os princípios poéticos, o que por vezes me valeu a reputação de excêntrico". Constituiu-se a guerra tanto um desencanto quanto a afirmação de um espírito. Como a própria vida, concluiria Graves, já nos anos 70, que "um poema é algo completamente imprevisível", ao que acrescentava: "tem que possuir aquela ordem interior clara na qual cada palavra corresponde a cada uma das outras – e recorde que as palavras não devem ser tratadas como fichas, e sim como seres humanos". Tendo atravessado um século extremamente controverso, sobretudo pela rapidez em que valores foram erguidos e ruídos em si, Graves chega a recordar a metade inaugural da Primeira Guerra Mundial – da qual participou como soldado – como "uma guerra honrada e limpa". Segundo ele, as guerras foram convertidas em ações policiais – um reflexo disto é a maneira como as revoluções, especialmente na América Latina, foram convertidas em golpes militares.

As eventuais contradições advindas do fato de um poeta abandonar sua *atividade pública* talvez sinalizem uma necessidade de reconfiguração de um norte. Disse Tólstoi que a arte conduz o homem à fraternidade. Vinculava-se, portanto, ao despertar de uma emoção religiosa. Nosso século foi atingido por um deslocamento brusco do conceito de religião. Converteu-se o *religare* original em um tropeção desordenado de partículas, depreciativamente denominado *multidão* (em suas diversas modalidades). Não há mais sociedades constituídas. Não há mais a noção do bem público. Robert Graves atravessou este século impregnado de guerras frias e carrinhos de supermercado, em que os valores morais são confundidos com bens de consumo. A psicanálise fez com que o homem se descobrisse um abrigo (único) de si mesmo, porém não lhe deu a *passagem* para tornar-se assim tão magistral em meio ao empório ilimitado da revolução industrial. Estendeu-se em tamanhas contradições este século que chegamos a discutir os propósitos práticos da utopia. Além do que fomos invadidos por uma fascinante modalidade *nova* de vida: tocar o outro à distância, cujo paroxismo *requintado* nos ilude de que estamos por dentro de todas as coisas, que permitimos toda espécie de experiência (cuja ressalva única a ser severamente evitada é que não nos *toque* o humano). Em livros publicados nos anos 50, Robert Graves já punha em questão tais determinantes perspectivas, salientando admiravelmente sua fidelidade etimológica. Ao ser indagado sobre a eventualidade de um poeta lançar-se além de seu tempo, concluiu simplesmente com a recusa à existência deste. Borges difundiu entre nós uma teoria da refutação do tempo histórico. Graves não pretendia substituí-lo, a exemplo do ficcionista argentino, pela versão cíclica do budismo. Dizia de maneira a mais lacônica: "Eu me responsabilizo absolutamente por haver nascido".

A singularidade de suas afirmações despertava sempre notáveis discussões, a exemplo de uma tese, bastante combatida na época em que a difundiu, de que a *Odisseia* teria sido composta na Sicília, no que pese seu léxico inteiramente centrado na navegação. Graves também alardeou a hipótese – esta, por sinal, compartilhada por vários outros autores – de este não se tratar de um livro de autoria única. Seu romance *Homer's daughter* (1955) traz uma fascinante abordagem a esse respeito. Em outro livro publicado no mesmo ano, *The greek myths*, o próprio Graves comenta: "Se bem que ela nos surja sob a máscara de uma obra épica, a *Odisseia* é, na realidade, o primeiro romance grego, não constituindo, por conseguinte, uma autoridade plena e totalmente responsável no que respeita aos mitos propriamente ditos". Em concordância com

Graves, é importante lembrarmos aqui a observação de Italo Calvino acerca da "extrapolação dos territórios da épica" na composição da *Odisseia*. Por sua vez, Robert Graves foi sempre um ávido defensor deste tipo de poesia, atento à origem grega da palavra poesia (*poíesis*) – cujo significado é sempre bom recordar: "fazer com que ocorra algo de extraordinário", o que nos remete a um antigo postulado da civilização pré-colombiana de que o poeta é aquele que faz com que as coisas se ponham de pé –, ciente de que a verdadeira poesia contempla simultaneamente o *conto* e o *canto*, potências que não devem ser separadas em momento algum. E nos diz: "O poder poético, o poder de fazer com que ocorram coisas, pode elevar uma simples união amorosa ao ponto em que a ausência física supre a presença viva", concluindo que "na poesia, a coidentificação pentadimensional dos amantes é uma verdade, e não uma fantasia idealista".

Robert Graves integra uma tradição nobre do romance histórico – um outro nome fundamental em língua inglesa é sir Walter Scott –, sobretudo por seu dístico formado por *I, Claudius* e *Claudius the God* (ambos de 1934). Segundo nos recorda George Steiner, "os mestres clássicos da ficção histórica escrevem a narrativa e o diálogo na linguagem de seu próprio tempo. Criam a ilusão do presente histórico por força da imaginação realizada e porque eles próprios sentem que as afinidades entre a história passada e sua própria época têm uma continuidade viva". Apesar da indiscutível importância de sua poesia e também de sua vasta produção ensaística, Graves acabou alcançando um número bem maior de leitores por meio de sua ficção histórica. Aos dois já mencionados romances, acrescenta-se um outro bastante difundido: *King Jesus* (1946), em que se estabelece uma espécie de confronto com o mundo bíblico. O tema bíblico sempre ocupou destacado lugar nas reflexões do poeta inglês. Em outro livro seu, *Difficult questions, easy answers* (1964), lemos um longo ensaio em que questiona duramente (e com inúmeros exemplos) as intencionais descaracterizações procedidas na Bíblia, concluindo: "A Bíblia segue sendo ao mesmo tempo o livro mais fascinante e mais perigoso já publicado, pois seus textos foram convertidos pela política de São Paulo em *tudo para todos*". Até certo ponto, ao contrário de sua ensaística, observe-se aqui que a ficção histórica de Graves é muito mais afeita ao plano literário do que erudito. Como bem destacou Modesto Pozo Lárez, verifica-se ali "um tom irônico que, com frequência, converte-se em burlesco e que utiliza para tratar acontecimentos domésticos e cotidianos, aparentemente intranscendentes, mas que, contemplados em sua verdadeira dimensão, condicionam de forma fatal o destino de seus personagens". Outros admiráveis exemplos da produção literária de Graves nesse âmbito são *Antigua, Penny, Puce* (1936) e *The story of Mary Powell, wife to Mr. Milton* (1943).

Sendo verdadeira a afirmação, como diz Harold Bloom, que "a grande literatura é sempre reescrever ou revisar, e baseia-se em uma leitura que abra espaço para o eu, ou que atua de tal modo que reabre velhas obras a nossos novos sofrimentos", não encontro justificativas para a não inclusão de Robert Graves no organismo canônico ocidental proposto pelo crítico norte-americano. Em todo o agigantado corpo de sua tese (*The western canon*, 1994) não se encontra uma única menção ao autor de *I, Claudius* – cujas características de revisão abrem "espaço para o eu", contemplando a defesa de Bloom acerca do cânone. Livro anterior, com reprimenda menor, em vista de que não se arvora a totalizar conceito algum, *Perché leggere i classici* (1991), de Italo Calvino (o novelista italiano que não é sequer citado por Bloom), também não se refere a Robert Graves, embora o poeta inglês se enquadre indiscutivelmente em todos os dez itens que defende Calvino como fundamentais na definição de um clássico. Neste último, as discordâncias não podem ser tão severas, visto que a edição (póstuma) foi realizada pela viúva, Esther Calvino, embora tendo em conta as anotações de seu marido. O caso de Bloom é gritante porque situa autores como Reinaldo Arenas, Carlos Drummond de Andrade, Julio Cortazar, Nathanael West, José Cardoso Pires, Pere Gimferrer, ao mesmo tempo em que não faz referência a Graves, Marcel Schwob, Ernst Junger, Gonzalo Rojas, Elias Canetti, Malcolm de Chazal ou José Lezama Lima (o nome do cubano é citado unicamente no apêndice do livro). Por sua vez, George Steiner refere-se a uma definição da "qualidade do novo" na poesia de língua inglesa observada a partir de Eliot, Pound e Graves. Clássica discussão em torno dos ausentes, bem se pode arguir. O fato é que parecemos estar construindo uma história literária fundada em tantas ausências inaceitáveis que acabamos gerando a veracidade indiscutível de uma história subterrânea baseada justamente na necessidade de corrigir os erros da superfície. É muito triste que tenhamos chegado a esse ponto. Parece-nos que estamos tratando nossas vidas como algo subordinado unicamente a um jargão jornalístico. De uma maneira genérica, observa Robert Graves em um ensaio: "O pior que se pode dizer sobre a ciência moderna é que carece de consciência unida ou, ao menos, que se obrigou a aceitar o poder de *Mammóm*". Um mínimo de discernimento crítico nos permite localizar os pontos em que o *academicismo* – aquilo em que se converteu a ciência –, por meio de seus organismos limitadores da expressão humana, trabalha ardilosamente contra a poesia. Nada no âmbito da paranoia, e sim de uma factível degradação de valores e princípios. Uma *ciência* da propaganda absorveu com notável eficácia inúmeros componentes da psicanálise. Em outro livro, Graves nos recorda com ácida ironia que a Faculdade de Economia de Londres o convidou para uma palestra e que, ao informar que o tema da mesma seria sobre *Mammóm*, indagaram-no, então, sobre o mesmo, uma vez que não conheciam o significado de tal termo. O grande absurdo é justamente o fato de *"mammóm"* significar "dinheiro" em hebraico.

Embora não seja do agrado de qualquer autor ver destacado um livro seu como preponderante entre os demais, o fato é que não se pode deixar de frisar a importância cimeira de *The white goddess – A historical grammar of poetic myth* (1948) no âmbito geral da indiscutível contribuição de Robert Graves. Por meio dessa insólita gramática se reconstrói a linguagem mágica de uma antiga Europa, detalhando as fascinantes cerimônias religiosas populares em honra da deusa Lua e a maneira como esses mitos foram se distorcendo graças à presença de invasores e aventureiros, incluindo os aspectos mais graves da substituição desse antigo legado poético por uma linguagem racional em honra de Apolo, levada a termo pelos primeiros filósofos gregos. O jornal *Sunday Times* incluiu Robert Graves em uma lista dos mil criadores do século XX, inclusão justificada na ocasião pela publicação de *The white goddess*. O curioso é observar que ao lado do poeta inglês, na seção conjunta G-H, estavam presentes os nomes de Goebbels, Goering e Hitler. É uma escolha que nos deixa perplexos, tanto quanto sua ausência da república canônica de Harold Bloom. Segundo o próprio Graves, a Deusa Branca "é a do amor e da batalha, a da vida e da morte que governou a Europa muito antes que aparecessem os deuses masculinos". E define melhor ainda ao salientar a impropriedade do *substituto sintético* ao tratarmos do mito poético.

Recolhamos uma passagem deste excepcional *The white goddess*: "A verdadeira prática poética exige uma mente tão milagrosamente afinada e iluminada que pode transformar as palavras, por meio de uma série de mais que coincidências, em uma entidade vivente, em um poema que pode atuar por si só (durante séculos depois da morte do autor, talvez) afetando os leitores com sua magia armazenada". Mais à frente, concluía que "a fonte do poder criador da poesia não é a inteligência científica, mas sim a inspiração". Naturalmente Graves punha em discussão não a casualidade convulsiva das ações humanas, e sim o usufruto de uma perversão: a substituição das sensações por tonalidades gravitacionais da consciência. *The white goddess* origina-se na peregrinação da poesia pela multiplicidade das instâncias em que rege o amor, os iluminados vilarejos e aldeias em que a alegria é um fruto à mão. A um só tempo ali nasceram o verbo e o homem. Não se trata de um livro profético, e sim da constatação de que o homem não pode viver sem a integridade de sua declaração de humanidade: a poesia.

Diante de todas as possíveis discordâncias no tocante às teses e polêmicas suscitadas por Robert Graves, há uma inquestionável: o ofício do poeta. Talvez não estejamos sabendo lidar com nossa realidade, com o cenário de areias gulosas em que nos movemos, mas é certo que seguimos imbuídos de uma mesma e inflexível tarefa: fazer com que ocorra algo de extraordinário. Mesmo o nobre espírito de Mallarmé ao referir-se ao poeta como aquele que purificará as palavras da tribo não pode agir sem o sentido de uma ação extraordinária. Não se trata aqui de um tema poético único, e sim de seu tratamento ao longo da história da humanidade. Ao mesmo tempo nos deparamos – com ingrata frequência – com poetas que desconhecem a razão de ser de seu ofício. O Brasil, por exemplo, parece temer uma reflexão mais abrangente acerca da criação poética, visto que raramente nossos poetas se expõem a discutir a organicidade intrínseca de seus atos. Quando eventualmente tocam no assunto, incorrem na deformação do termo *artesania*, ao qual Graves se referia. Já em 1965, com gesto algo irônico, o poeta inglês declarava que os poemas épicos estão fora de moda. Desde então sabia que a debilidade do épico consiste na perda de identidade com o tempo. A imprensa e o dinheiro só ditam algum valor em sociedades em que o homem perdeu o sentido de seu valor original. Seguimos atravessando o mesmo lodo, o mesmo mar original, a mesma queda d'água. O que muda é nosso comportamento diante dessas forças naturais. O poeta não está fora de moda. A moda é que está preocupantemente agindo fora da poesia. Dizia Robert Graves estar sempre pensando na história das palavras ("seres vivos"). Concluímos com suas próprias palavras: "um poema é [sempre] uma experiência fantástica".

14

Sânzio de Azevedo: simbolismos e outras esferas

Compreende Jorge Rodríguez Padrón que o poeta deve servir ao crítico como seu guia único. Refere-se ao poeta como um todo, portanto, ao ditado de sua escritura. E completa: "porém para nos perdermos nele". O texto como lugar de encontro, lugar de uma identificação, e não de uma determinação; reflexão e não a soberba da explicação – eis o que defende o mencionado crítico espanhol. A entrevista que temos a seguir, com o crítico e historiador Sânzio de Azevedo (1938), revela a acuidade reflexiva de um importante personagem da literatura brasileira. A extensa obra de Azevedo apresenta dois títulos interligados: *Dez ensaios de literatura cearense* (1985) e *Novos ensaios de literatura cearense* (1992). Contêm ambos ensaios dados relevantes sobre alguns momentos básicos de nossa literatura, a exemplo de textos dedicados ao estudo da obra de José Alcides Pinto, Milton Dias, Rachel de Queiroz, Moreira Campos, Francisco Carvalho e Edigar de Alencar. Constitui *ainda* característica fundamental de sua obra crítica assessoria prestada à Universidade Federal do Ceará, no tocante a algumas edições importantes que tem feito circular, entre as quais *Poesia completa* (1996), de Aluízio Medeiros, por ele organizada e prefaciada. É bem verdade que Sânzio considera-se mais um historiador do que propriamente crítico, no que há algo de verídico, sobretudo se pensarmos em livros como *A academia francesa do Ceará* (1971), *Literatura cearense* (1976), *Apolo versus Dionisos* (1978) e *Aspectos da literatura cearense* (1982). Não convém, no entanto, separarmos memória e reflexão, visto que seus estudos não se detêm unicamente na mera sucessão cronológica dos fatos, observando lucidamente o lugar e o valor que cada acontecimento ocupa na história de nossa literatura.

O pensamento crítico alimenta a compreensão histórica de nossa passagem por este mundo, razão pela qual cabe ao crítico fundar-se a partir de um diálogo perene com todas as forças que nos orientam e desorientam. Não estamos rumo à transcendência, e sim em busca de uma melhor compreensão de nossa atuação como animal pensante. Não há outro universo mais propício à crítica. Que se realize, então, como singularíssimo lugar de encontro. Nesse sentido, Sânzio de Azevedo revela-se nome de extrema importância, a ser somado ao dos grandes críticos e historiadores da literatura neste país.

FM – Entende o poeta e ensaísta colombiano Harold Alvarado Tenorio que deve a crítica agir como "comentário e reflexão sobre um objeto artístico a partir de sua própria linguagem", concluindo que "para ser capaz de falar variadas linguagens necessitamos de muito ócio, muita dedicação ao aprendizado dessas tonalidades". Você tem uma vida inteira dedicada ao exercício crítico. Como defende tal exercício?

SA – Em primeiro lugar, não me considero propriamente um crítico, e sim (se isto não for imodéstia) um historiador da literatura. Claro que há procedimentos críticos na análise de textos e, por outro lado, não posso fazer história se trato de autores de hoje, o que tem ocorrido vez por outra. A meu ver, existe a crítica que eu chamaria de normativa (que pretende orientar o escritor) e a descritiva (que pretende orientar o leitor). Seriam os casos, respectivamente, de Machado de Assis e Eugênio Gomes. Se há crítica no que escrevo, estaria no segundo modelo.

FM – Segundo sua própria observação, José Albano foi um desses poetas impossíveis de serem inseridos em uma territorialidade estética única, não podendo ser convocado a compor, com exclusividade, o quadro de qualquer escola literária de seu tempo. Isso acaso o situa em uma posição superior a todos os seus pares? Seria correto dizer que José Albano é o primeiro grande poeta cearense?

SA – Para mim, a grandeza de José Albano está na qualidade de sua poesia, e não no fato de ele não poder ser enquadrado em uma corrente estética (um dos raros escritores a quem chamo de gênio foi um puro romântico: Victor Hugo). Aliás, a grandeza de José Albano (considerado por Manuel Bandeira um "altíssimo poeta") mostra a inanidade da crítica, ao ponto de não me lembrar quem que afirmou, nos anos 20, que vale mais um poema ruim e modernista do que um que seja bom e passadista. Ninguém mais passadista do que Albano. A última pergunta não é fácil: eu diria que antes de Albano tivemos Juvenal Galeno (cuja obra tem sido subestimada), Joaquim de Sousa e Lívio Barreto. Mas Albano é, sem dúvida, um dos maiores poetas cearenses de todos os tempos.

FM – Recentemente se publicou uma segunda edição (revista e ampliada) de seu *A padaria espiritual e o Simbolismo no Ceará*. Como sabemos, este Simbolismo possui uma característica singular, que é o fato de haver antecedido o Parnasianismo, isto sem falarmos no aspecto do mesmo haver sido mais criador. Em teu livro observas que o Simbolismo no Ceará deu-se simultâneo "ao movimento oriundo do Paraná", ao mesmo tempo em que mostrando-se independente deste. Quais os traços que diferenciam um do outro?

SA – Ao afirmar que o Simbolismo cearense de Lopes Filho e Lívio Barreto era independente do Simbolismo do sul do país, quis significar que ele tinha raízes próprias, não sendo caudatário do grupo da *Folha Popular*, como o de outros estados, cuja origem está no Paraná. Mas há traços distintivos nos nossos poetas, uma vez que neles a influência de poetas portugueses (Antônio Nobre principalmente) foi bem maior do que em Cruz e Sousa e seus seguidores. É interessante também o fato de a corrente aqui haver surgido na mesma época do movimento no sul, o que raramente acontece, tendo ocorrido apenas por volta de 1873, com o

Positivismo da Academia Francesa de Rocha Lima, Tomás Pompeu, Capistrano de Abreu e outros. Gostei de você ter mencionado o fato de o Simbolismo cearense ter sido anterior ao nosso Parnasianismo. Essa é uma de minhas poucas descobertas...

FM – Houve um retardamento histórico do Brasil no tocante ao cultivo da poesia moderna. Enquanto ostentávamos o Parnasianismo como uma novidade literária, países europeus e hispano-americanos já envolviam-se diretamente com o Modernismo. Apresentava-se então, entre nós, um quadro de subserviência total no tocante a padrões literários já ultrapassados. Como essa situação iria influir no surgimento do movimento modernista de 1922? Segundo observa Ivan Junqueira, verifica-se neste uma primazia de um "nacionalismo exacerbado que tangencia o fascismo". Penso também em um outro grave equívoco: enquanto inúmeros poetas hispano-americanos (tanto modernistas quanto vanguardistas) rejeitavam veementemente o Futurismo de Marinetti, o Brasil o recebia de braços abertos, a partir da exaltação que lhe fazia Oswald de Andrade.

SA – Fala-se muito no retardamento histórico do Modernismo no Brasil, mas ninguém se lembra de observar que o mesmo aconteceu com outras correntes literárias. Tomando por base a França, de onde vinham as ideias (inclusive algumas do Modernismo, com Apollinaire, Max Jacob, Tzara e outros), veremos que o Romantismo, inaugurado no Brasil por Magalhães em 1836 (com os *Suspiros poéticos e saudades*), já existia em 1801 no Atala de Chateaubriand, para não irmos à Alemanha, onde Goethe havia publicado o *Werther* em 1774! O Parnasianismo, que se prenunciava vivamente nos *Esmaltes e camafeus* (1852), de Gautier, e se implantou na França depois do *Parnaso contemporâneo* (1866), desembocou aqui em 1878, com as *Canções românticas*, de Alberto de Oliveira. O Simbolismo, que teve como precursor Baudelaire, com *As flores do mal* (1857), no ano de *Madame Bovary*, de Flaubert, explodiu com o manifesto de Moréas, em 1886, e no Brasil, apesar das notas precursoras da década de 80, só se inaugura com o *Missal* e os *Broquéis* de Cruz e Sousa, em 1893 (ano do *Phantos*, de Lopes Filho). Iria ficar como uma corrente subterrânea, como diria Andrade Muricy, sem desbancar o Parnasianismo. Mas é bom que se lembre que *Os troféus*, de Heredia, um dos frutos mais radicais do Parnasianismo francês, foram editados lá nesse ano de 1893, e com grande repercussão. Quanto ao Modernismo hispano-americano, era – como disse Gilberto Mendonça Teles –, uma "mistura de formas parnasiano-simbolistas", com predomínio destas últimas, acrescentemos nós. É pelo menos o que se pode depreender da leitura dos versos de um Rubén Darío, de um Santos Chocano ou de um Amado Nervo. Quanto ao fascismo contido no nacionalismo de alguns modernistas da primeira hora, sabemos que Plínio Salgado era do grupo Verde-Amarelo, e Affonso Romano de Sant'Anna já apontou o caráter estado-novista (ou seja, fascista) do *Martim Cererê*, de Cassiano Ricardo. O que faria contraponto com o comunismo de Oswald de Andrade e, depois, de

Jorge Amado e de Graciliano Ramos. No Ceará, tive oportunidade de apontar notas integralistas na poesia de Sidney Neto, o que por sua vez contrastaria com o comunismo de Jáder de Carvalho.

FM – Só quero lembrar aqui que, do ponto de vista ideológico, como bem recorda Wilson Martins, Oswald de Andrade não foi além de um "comunismo verbal". Mas gostaria de observar algo acerca do Modernismo hispano-americano. Em primeiro lugar, diante do papel fundamental que desempenharam poetas como o colombiano José Asunción Silva (1865-1896), o peruano José María Eguren (1874-1942), o argentino Leopoldo Lugones (1874-1938), o uruguaio Julio Herrera y Reissig (1875-1910), não se pode mencionar autores de menor importância, a exemplo do peruano José Santos Chocano (1875-1935). Como assinala Octavio Paz, os poetas modernistas foram além da linguagem criada por eles mesmos. Diz o mexicano que os modernistas hispano-americanos (e também os espanhóis, segundo ele) prepararam, "cada um à sua maneira, a subversão da vanguarda". No tocante a Rubén Darío (1867-1916), afirma ainda Octavio Paz que ocupa um lugar central, sobretudo por tratar-se do "menos atual dos grandes modernistas", concluindo que o poeta nicaraguense não pode ser visto "como uma influência viva mas sim [como] um termo de referência: um ponto de partida ou chegada, um limite que há que se alcançar ou ultrapassar". Entendo, como Octavio Paz, que o Modernismo hispano-americano, por sinal surgido antes do Modernismo espanhol, embora seja considerado um equivalente do Parnasianismo e do Simbolismo francês, desempenhou um papel outro, ou seja, o de "nosso verdadeiro romantismo", no dizer do poeta mexicano. Uma leitura da obra dos poetas que menciono – e mais os mexicanos José Juan Tablada (1871-1928) e Ramón López Velarde (1888-1925), e o peruano César Vallejo (1892-1938) – mostrará que fazemos uma avaliação inadequada do Modernismo hispano-americano, cuja dimensão poética supera o equívoco de reduzi-lo a mera equivalência das escolas francesas. Como bem lembra ainda Octavio Paz, o Modernismo hispano-americano "iniciou-se como uma procura do ritmo verbal e culminou em uma visão do universo como ritmo". Melhor ainda sintetiza Jorge Rodríguez Padrón, ao definir que "a América hispânica dá à luz, com o Modernismo, a imagem de seu futuro enquanto que único espaço para estabelecer sua identidade possível". Apesar da extensa digressão, gostaria de ouvir um pouco mais sua opinião acerca do "retardamento histórico" de nossa cultura se relacionada com outros centros. A razão desse eterno retardamento não teria a ver com o fato de o Brasil, segundo Franklin de Oliveira, ser "uma nação sem paideia, pátria que não construiu o protótipo do homem que a deve guiar no futuro"? Ou seja, sem memória não há consciência histórica.

SA – Ao citar Santos Chocano, evidentemente pensei apenas na caracterização da corrente, do estilo de época, parecendo-me irrelevante o fato de o poeta poder ser considerado menor do que os outros citados. Dizia Paul Van Thieghem que "é lendo autores de menor envergadura, do autor, talvez) afetando os leitores com sua magia armazenada". Mais à frente, concluía que "a fonte do poder criador da poesia não é a inteligência científica, mas sim a inspiração". Naturalmente Graves punha em discussão não a casualidade convulsiva das ações humanas, e sim o usufruto de uma perversão: a substituição das sensações por tonalidades gravitacionais da consciência. *The white goddess* origina-se na peregrinação da poesia pela multiplicidade das instâncias em que rege o amor, os iluminados vilarejos e aldeias em que a alegria é um fruto à mão. A um só tempo ali nasceram o verbo e o homem. Não se trata de um livro profético, e sim da constatação de que o homem não pode viver sem a integridade de sua declaração de humanidade: a poesia.

Diante de todas as possíveis discordâncias no tocante às teses e polêmicas suscitadas por Robert Graves, há uma inquestionável: o ofício do poeta. Talvez não estejamos sabendo lidar com nossa realidade, com o cenário de areias gulosas em que nos movemos, mas é certo que seguimos imbuídos de uma mesma e inflexível tarefa: fazer com que ocorra algo de extraordinário. Mesmo o nobre espírito de Mallarmé ao referir-se ao poeta como aquele que purificará as palavras da tribo não pode agir sem o sentido de uma ação extraordinária. Não se trata aqui de um tema poético único, e sim de seu tratamento ao longo da história da humanidade. Ao mesmo tempo nos deparamos – com ingrata frequência – com poetas que desconhecem a razão de ser de seu ofício. O Brasil, por exemplo, parece temer uma reflexão mais abrangente acerca da criação poética, visto que raramente nossos poetas se expõem a discutir a organicidade intrínseca de seus atos. Quando eventualmente tocam no assunto, incorrem na deformação do termo *artesania*, ao qual Graves se referia. Já em 1965, com gesto algo irônico, o poeta inglês declarava que os poemas épicos estão fora de moda. Desde então sabia que a debilidade do épico consiste na perda de identidade com o tempo. A imprensa e o dinheiro só ditam algum valor em sociedades em que o homem perdeu o sentido de seu valor original. Seguimos atravessando o mesmo lodo, o mesmo mar original, a mesma queda d'água. O que muda é nosso comportamento diante dessas forças naturais. O poeta não está fora de moda. A moda é que está preocupantemente agindo fora da poesia. Dizia Robert Graves estar sempre pensando na história das palavras ("seres vivos"). Concluímos com suas próprias palavras: "um poema é [sempre] uma experiência fantástica".

sua própria linguagem", concluindo que "para ser capaz de falar variadas linguagens necessitamos de muito ócio, muita dedicação ao aprendizado dessas tonalidades". Você tem uma vida inteira dedicada ao exercício crítico. Como defende tal exercício?

SA – Em primeiro lugar, não me considero propriamente um crítico, e sim (se isto não for imodéstia) um historiador da literatura. Claro que há procedimentos críticos na análise de textos e, por outro lado, não posso fazer história se trato de autores de hoje, o que tem ocorrido vez por outra. A meu ver, existe a crítica que eu chamaria de normativa (que pretende orientar o escritor) e a descritiva (que pretende orientar o leitor). Seriam os casos, respectivamente, de Machado de Assis e Eugênio Gomes. Se há crítica no que escrevo, estaria no segundo modelo.

FM – Segundo sua própria observação, José Albano foi um desses poetas impossíveis de serem inseridos em uma territorialidade estética única, não podendo ser convocado a compor, com exclusividade, o quadro de qualquer escola literária de seu tempo. Isso acaso o situa em uma posição superior a todos os seus pares? Seria correto dizer que José Albano é o primeiro grande poeta cearense?

SA – Para mim, a grandeza de José Albano está na qualidade de sua poesia, e não no fato de ele não poder ser enquadrado em uma corrente estética (um dos raros escritores a quem chamo de gênio foi um puro romântico: Victor Hugo). Aliás, a grandeza de José Albano (considerado por Manuel Bandeira um "altíssimo poeta") mostra a inanidade da crítica, ao ponto de não me lembrar quem que afirmou, nos anos 20, que vale mais um poema ruim e modernista do que um que seja bom e passadista. Ninguém mais passadista do que Albano. A última pergunta não é fácil: eu diria que antes de Albano tivemos Juvenal Galeno (cuja obra tem sido subestimada), Joaquim de Sousa e Lívio Barreto. Mas Albano é, sem dúvida, um dos maiores poetas cearenses de todos os tempos.

FM – Recentemente se publicou uma segunda edição (revista e ampliada) de seu *A padaria espiritual e o Simbolismo no Ceará*. Como sabemos, este Simbolismo possui uma característica singular, que é o fato de haver antecedido o Parnasianismo, isto sem falarmos no aspecto do mesmo haver sido mais criador. Em teu livro observas que o Simbolismo no Ceará deu-se simultâneo "ao movimento oriundo do Paraná", ao mesmo tempo em que mostrando-se independente deste. Quais os traços que diferenciam um do outro?

SA – Ao afirmar que o Simbolismo cearense de Lopes Filho e Lívio Barreto era independente do Simbolismo do sul do país, quis significar que ele tinha raízes próprias, não sendo caudatário do grupo da *Folha Popular*, como o de outros estados, cuja origem está no Paraná. Mas há traços distintivos nos nossos poetas, uma vez que neles a influência de poetas portugueses (Antônio Nobre principalmente) foi bem maior do que em Cruz e Sousa e seus seguidores. É interessante também o fato de a corrente aqui haver surgido na mesma época do movimento no sul, o que raramente acontece, tendo ocorrido apenas por volta de 1873, com o e outros até completamente obscuros, que se descobre tudo o que é comum a eles e aos maiores". Mas, com relação ao "retardamento histórico" que geralmente ocorria antes do Modernismo, penso que não serei eu quem vai encontrar explicação para tal problema, ainda mais se lembrarmos que, do Rio para o Ceará, houve atraso de trinta anos com relação ao Romantismo, menos com o Realismo (*A fome*, de Rodolfo Teófilo, é de 1890), e de outros trinta anos com o Parnasianismo, mas tanto o Positivismo da Academia Francesa (por volta de 1873) quanto o Simbolismo da Padaria Espiritual foram simultâneos aqui e no sul. Encontro explicação para esses dois fenômenos no intercâmbio que havia mais entre Fortaleza e a Europa do que entre nossa capital e o Rio de Janeiro. E os outros?

FM – Uma das provas da grande agitação intelectual que se vivia no Brasil dos anos 20 é justamente uma quantidade enorme de revistas literárias publicadas em vários locais. No Ceará não tivemos propriamente uma revista, mas houve uma notável repercussão a partir da publicação do suplemento *Maracajá*, do jornal *O Povo*. Embora a *Revista de Antropofagia* tivesse reproduzido alguns artigos de Maracajá, havia certa rivalidade entre ambas facções modernistas. Em seu livro *O Modernismo na poesia cearense* há referência a um incidente envolvendo um artigo de Antônio Garrido, por exemplo. Quais as causas diretas dessa "rivalidade"? E quais relações mantinham os diretores de Maracajá com outras publicações da mesma época?

SA – Não vejo propriamente rivalidade, mesmo entre aspas, entre a *Revista de Antropofagia*, de São Paulo, e *Maracajá*, de Fortaleza. Pelo contrário: acho incrível o pessoal haver concedido espaço à gente do Ceará, o que não era usual. No que tange ao incidente, o que aconteceu é que os paulistas não quiseram transcrever as críticas que Demócrito Rocha fizera ao tipo de Modernismo deles. Sobre a repercussão do suplemento cearense, *O Povo* registrou referências n'*O Globo*, do Rio, em maio de 1929, e no *Diário da Tarde*, de Curitiba, em julho. Não me lembro de outras, mas já é muito para um suplemento que teve apenas dois números.

FM – Segundo Alfredo Bosi, o Simbolismo no Brasil viu-se obrigado a conviver com um "longo período realista que o viu nascer e lhe sobreviveu", observando que se o mesmo tivesse conseguido "romper a crosta da literatura oficial" [...] "outro e mais precoce teria sido o nosso Modernismo, cujas tendências para o primitivo e o inconsciente se orientaram em uma linha próxima das ramificações irracionalistas do Simbolismo europeu". Por outro lado, destaca Vera Lins que as tendências atribuídas a esta escola literária por Bosi eram também características do Simbolismo brasileiro. O mesmo se poderia dizer da escola no Ceará? Acaso teriam sido essas tendências "para o primitivo e o inconsciente" que dificultaram uma ação maior do Simbolismo no âmbito da literatura brasileira? Enlaço aqui com uma afirmação de Franklin de Oliveira de que "o Parnasianismo só obteve anacrônica permanência no Brasil porque, entre nós, em sua época, os simbolistas não alcançaram a audiência que lhes era devida".

SA – Não me parece que o Simbolismo brasileiro haja tido as mesmas características do europeu; o nosso foi bem mais superficial. Qual o poeta nosso que, além de Kilkerry (e nem sempre), ostentou um hermetismo que lembrasse Mallarmé? No que toca à versificação, Andrade Muricy observou com razão que ele não inovou: "Os sonetos de Cruz e Sousa mantêm a estrutura métrica parnasiana". Por sinal, em um estudo publicado na *Revista de Cultura Vozes* em 1977, ao falar de desarticulações rítmicas e fugas aos padrões métricos, apontei casos em Emiliano Pernetta, Alphonsus de Guimaraens, Silveira Neto, Lívio Barreto e outros, mas notei que Cruz e Sousa e o próprio Kilkerry (inovador na mensagem) seguiam rigorosamente a versificação clássica. No Ceará, há "irregularidades" métricas em Lopes Filho e em Lívio Barreto, mas seu Simbolismo é ainda menos radical, porque bebido principalmente em Antônio Nobre, a influência maior. Com relação à "anacrônica permanência" do Parnasianismo no Brasil, temos um problema de aritmética: como foi dito na resposta anterior, *Os troféus*, de Heredia, são de 1893, e as *Poesias*, de Bilac, de 1888, anteriores, portanto. O certo é que, como lembra Afrânio Coutinho, os movimentos literários se imbricam; é falsa a noção de que, na França, iniciado o Simbolismo, o Parnasianismo morreu. O livro precursor do Simbolismo francês todos sabem que é *As flores do mal*, de Baudelaire, de 1857; se tomarmos o ano dos *Esmaltes e camafeus* (1852), de Théophile Gautier, como marco precursor ou mesmo iniciador do Parnasianismo, dele para o livro de Heredia (que não marca o fim da corrente), teremos 41 anos. No Brasil, de 1878, ano da estreia de Alberto de Oliveira, para 1922 (ano da Semana de Arte Moderna), temos 44 anos. Em suma: o anacronismo não nos parece tão chocante à luz da aritmética.

FM – Tanto Amadeu Amaral quanto Franklin de Oliveira sustentam a carência de base filosófica em nosso Modernismo, afirmando este último que o mesmo limitou-se tão somente a "romper com o passado", em nada fundamentando essa ruptura. Como situar tal observação dentro do panorama do Modernismo ocorrido no Ceará?

SA – O Modernismo do Ceará é fruto do movimento nascido em São Paulo, e o que se disser de um vale para o outro. O que se queria mesmo era fazer algo de diferente. Basta lembrar que, como observo no meu livro a que você se refere, os modernistas daqui estavam em estreita aliança com os rapazes da "Antropofagia", mas apesar disso se diziam pertencentes ao "verde e amarelo", quando, em São Paulo, "antropófagos" e "verde-amarelistas" andavam às turras…

FM – Também pediria uma avaliação sua acerca da revista *Clã*, que me parece um dos marcos fundamentais da literatura brasileira, inclusive pela dilatada extensão desta aventura. É possível traçarmos uma analogia de seu conteúdo editorial com o de outras publicações da época, a exemplo da paranaense *Joaquim* e da carioca *Orfeu*?

SA – Não tenho toda a coleção desta revista, que teve trinta números (o último é o 29, mas houve um número zero antes do 1), mas, com base nos números que possuo e nas obras de vários do grupo, escrevi um capítulo de mais de 70 páginas sobre o grupo CLÃ em meu livro *Literatura cearense* (1976). E, como tenho repetido exaustivamente, considero a revista responsável pela implantação definitiva do Modernismo no Ceará nos anos 40. Se Antonio Girão Barroso ostenta traços do primeiro Modernismo ao lado de poemas concretos, e Aluízio Medeiros tem notas surrealistas e chega quase ao poema Práxis, Artur Eduardo Benevides, a princípio schmidtiano, tem a maior parte de sua poesia na dicção da Geração de 45. Conheço inúmeros periódicos do Modernismo brasileiro, mas não os que você cita.

FM – Confesso aqui que também não conheci a publicação paranaense. Se a ela fiz referência é porque a encontrei citada por Gilberto Mendonça Teles, em seu *Vanguarda europeia e Modernismo brasileiro* (12ª edição, 1994), que curiosamente não faz menção à revista *Clã*. Quanto à carioca *Orfeu*, foi fundada em 1947, por Fernando Ferreira de Loanda, Fred Pinheiro, Lêdo Ivo e Bernardo Gersen – tendo abrigado amplamente os nomes vinculados à Geração de 45. Seguindo em nossa conversa, observo tanto quanto nos momentos iniciais da poesia de João Cabral e Lêdo Ivo, é possível identificar uma forte influência do Surrealismo na obra de Francisco Carvalho e José Alcides Pinto. Em grande parte, graças à hegemonia do Concretismo – "o prestígio e a influência patroladora dos [irmãos]

Campos", segundo Gilberto Mendonça Teles –, não circulou entre nós o Surrealismo com a mesma força com que ocorreu em outros centros latino-americanos. Dentro da literatura cearense é possível identificar outras circunstâncias – penso em sua referência ao Aluízio Medeiros – que possam ser vinculadas ao legado surrealista?

SA – No Ceará, que eu lembre, além dos três poetas citados (Aluízio Medeiros, Francisco Carvalho e José Alcides Pinto), há momentos que me parecem surrealistas em Artur Eduardo Benevides quando diz, por exemplo, que a solidão, "fêmea marinha", é "grande gato amarelo comendo mil guitarras". Talvez em Iranildo Sampaio também. E nem preciso falar de você mesmo, uma vez que Assis Brasil, em *A poesia cearense no século XX*, fala explicitamente de sua "adesão ao Surrealismo".

FM – Seu nome encontra-se diretamente vinculado ao estudo crítico da literatura cearense. Neste sentido, são de extrema importância, além daqueles que aqui já citamos, livros como *Dez ensaios de literatura cearense* (1985) e *Novos ensaios de literatura cearense* (1992), em que encontramos avaliações relevantes da obra de Rachel de Queiroz, Moreira Campos, José Alcides Pinto, Milton Dias e Francisco Carvalho. São também de importância fundamental algumas edições de autores cearenses organizadas por você, como é o caso recente de *Poesia completa*, de Aluízio Medeiros (1996). Contudo, limitando o raio de ação de sua visão crítica ao âmbito da literatura cearense, não acredita correr o risco da repetição ou – o que seria ainda pior – do afrouxamento desta visão crítica, desgastando-a na avaliação de obras de menor importância?

SA – Você mencionou apenas escritores contemporâneos (aos quais eu acrescentaria Otacílio Colares, Artur Eduardo Benevides, Linhares Filho, Luciano Maia e Nilto Maciel, sem falar em Jáder de Carvalho e Edigar de Alencar, todos estudados nesses livros), mas faço questão de acentuar que, embora contemple volta e meia a obra de autores atuais, a minha preocupação maior é com os escritores do passado, notadamente os pouco estudados. Na verdade, meu objetivo tem sido uma revisão da nossa história literária. Mas, apesar de considerar praticamente encerrado esse trabalho (meu próximo livro, a ser publicado brevemente, é *Para uma teoria do verso*; além disso, estou escrevendo uma biografia de Adolfo Caminha e há anos trabalho em um livro sobre o Parnasianismo brasileiro, tão pouco compreendido hoje quanto o Simbolismo antes do trabalho de Muricy), penso haver dado minha contribuição ao estudo da literatura cearense e me satisfaz o fato de haver revelado textos desconhecidos de Joaquim de Sousa (notável poeta romântico), Paula Barros, Américo Facó e outros. Mesmo havendo publicado alguma coisa em São Paulo, no Rio de Janeiro e até em Portugal, contento-me em ser um escritor estadual, ou mesmo municipal...

FM – Ao referir-me tão somente aos nomes arrolados na pergunta anterior, não o fiz estabelecendo qualquer critério de valor – embora confesse minha preferência por eles, e nunca pelos que você menciona a título de complemento de minha lista, excetuando parcialmente a poesia de Edigar de Alencar e a prosa de Nilto Maciel –, mas sim evitando cair em um acúmulo exaustivo de nomes. Mas voltando a seu interesse maior, o de resgate histórico de obras fundamentais perdidas no tempo, caídas em esquecimento, recordo que Adolfo Caminha, em suas *Cartas literárias* (1895), escrevia: "Nada de Simbolismo: Verlaine está proibido na imprensa nacional. Um poeta de talento não pode escrever versos errados e papa Verlaine (ó manes de Castilho!) 'erra' desgraçadamente". Está claro que mostra sua simpatia em relação ao Simbolismo, ao mesmo tempo em que disparava contra o triunfo da mediocridade. O que nos traria hoje, no sentido de uma iluminação de nossa cultura literária, uma biografia de Adolfo Caminha?

SA – Nem sempre, nas *Cartas literárias*, Adolfo Caminha demonstra simpatia pelos simbolistas, chegando mesmo a desejar que Artur Azevedo escreva uma obra nova, que "fosse um exemplo, uma lição para essa mocidade que anda se iludindo com os simbolismos de uma arte falsa e pobre, rebuscada em Verlaine" (p. 197). Quanto à ideia de fazer uma biografia do autor de *A normalista*, é o caso de eu perguntar por que uma biografia de Zola, ou de João do Rio, ou de Assis Chateaubriand, ou de Garrincha, ou ainda de Noel Rosa ou de Orestes Barbosa. Creio que qualquer pessoa que atinja a fama, seja na literatura, no jornalismo, no esporte ou na música popular desperta o interesse do leitor para sua vida. Só no campo da literatura brasileira, há várias biografias de Fagundes Varela, de Castro Alves, de José de Alencar, de Machado de Assis e de Olavo Bilac. Penso que Adolfo Caminha, que tem tido pelo menos dois romances reeditados ao longo dos tempos (*A normalista* e *Bom-crioulo*), e cuja vida, apesar de relativamente breve, tem lances algo dramáticos, está merecendo a homenagem de uma biografia, naturalmente com alguns comentários a respeito de sua obra.

FM – Você disse que o Parnasianismo brasileiro é "tão pouco compreendido hoje quanto o Simbolismo antes do trabalho de Muricy". Essa má compreensão teria a ver com uma opulência vocabular sacrificando a própria expressão das ideias, característica bastante peculiar ao Parnasianismo, chegando mesmo ao que Franklin de Oliveira denomina de "promiscuidade retórica"? Ou acaso seria outra a razão de sua errônea avaliação histórica?

SA – Na verdade, há vários tipos de incompreensão. O Parnasianismo desempenhou um papel de certa forma antipático: estética dominante, como que abafou o aparecimento do Simbolismo que, mesmo dispondo de revistas, não conseguiu impor-se. Mas aqui entra a primeira incompreensão: o fato de os simbolistas não haverem atingido o público (enquanto Bilac era lido, e até decorado) prova que o Parnasianismo não foi aquela corrente impassível que nem na França conseguiu ser sempre. Por outro lado, a culpa disso não cabe aos parnasianos, mas aos próprios simbolistas que, com seu vocabulário cheio de arcaísmos e neologismos, fecharam-se na famosa "torre de marfim".

Outra incompreensão é a afirmação de que os chamados parnasianos, porque atingiram o grande público, eram superficiais, pois como lembrou Alceu Amoroso Lima, Bilac reuniu, "em torno de sua musa, um entusiasmo, ao mesmo tempo culto e popular, só comparável, antes dele, ao de Gonçalves Dias e de Castro Alves e, depois dele, a ninguém mais". Outra incompreensão diz respeito a Alberto de Oliveira: Sílvio Romero disse uma vez que ele era "o parnasiano em regra, extremado, completo, radical", e isso, que vale apenas para uma parte de sua volumosa obra, é repetido até hoje, ainda agravado com a mania que os autores de livros didáticos têm de reproduzir o famigerado "Vaso grego", em que os hipérbatos me parecem mais barrocos do que parnasianos. Leia "Alma em flor", poema composto de vários poemas menores, de versos trabalhados mas de emoção puramente romântica, e se verá que não é correta a generalização. Isso eu demonstro em *Apolo versus Dionisos* (1978), opúsculo de pouca repercussão, apesar de ter merecido um comentário de Domingos Carvalho da Silva na *Revista de poesia e crítica*, de Brasília. Diz-se que Alberto é só forma, sem lembrar, por exemplo, "O pior dos males": enquanto Vicente de Carvalho dizia que "só a leve esperança, em toda a vida, / disfarça a pena de viver, mais nada", Alberto de Oliveira diz: "Ela é o pior dos males que há no mundo, / pois dentre os males é o que mais engana". Já se falou também na falta de originalidade do poeta, e eu lembro o soneto "Ironia", em que o poeta, ao falar de um vidro quebrado, diz que ele "parece estar-se a rir de estar ferido". Quanto a Raimundo Correia, outro grande poeta (que forma, com Bilac e Alberto, a famosa "trindade" da corrente), foi considerado plagiário (por causa do "Mal secreto", bebido em Metastásio e de "As pombas", inspiradas em Gautier), mas tem sido poupado, talvez pelo fato de Manuel Bandeira, secundando João Ribeiro, o considerar o maior dos três, opinião não seguida por Ivan Junqueira que, a meu ver, incorre em falha no julgamento que faz de Alberto de Oliveira. A verdade é que de qualquer corrente estética (sem exceção) não é difícil sair colhendo momentos mais infelizes para fundamentar argumentos equivocados.

FM – Você tem uma teoria do verso a ser brevemente publicada. Até que ponto ela contempla as diferenças entre prosa e poesia? Que lugar encontra em sua teoria o poema em prosa, largamente cultivado pela modernidade?

SA – A proposta do livro se encontra no próprio título: *Para uma teoria do verso*. Assim, limito-me a falar exclusivamente do verso, que já é um campo bastante vasto, deixando a prosa para quem queira estudá-la. No que toca ao poema em prosa, tão praticado a partir de Baudelaire, por mais poético que seja será sempre prosa, fora, portanto, de minhas cogitações nesse livro. Gostaria de acrescentar que ainda aqui não me afasto da visão histórica, pois estudo os versos dentro das correntes estéticas, ou estilos de época, razão por que jamais uso a expressão versificação tradicional, tão comum em trabalhos dessa natureza. É que, segundo demonstrou Péricles Eugênio da Silva Ramos, a metrificação de nossos românticos (e dos poetas anteriores) era a espanhola, em que se contava uma sílaba além da tônica final, o que, nos versos compostos, dava resultados que os parnasianos não entendiam e, por isso, consideravam simplesmente erro – o que, diga-se de passagem, tem tido repercussões até hoje. Faço questão também de desfazer o equívoco de que foi Mário Pederneiras quem primeiro fez verso livre no Brasil, quando o que ele usava era a polimetria.

15

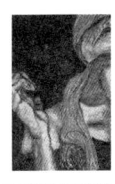

Vestígios da memória

O sorriso do caos, de Marco Lucchesi

O primeiro que se pode dizer deste novo livro de Marco Lucchesi, *O sorriso do caos* (Record, 1997) é que se trata de uma leitura de leituras, não por labiríntica aventura, mas sim pelo que seus fragmentos guardam de vigorosa identidade. Decompõe-se na leitura de múltiplos livros, sem que lhe falte a unidade essencial. Disse Calvino que "a coisa mais importante do mundo são os espaços vazios". É o que parece haver aprendido, até aqui, Marco Lucchesi de suas inúmeras leituras. E busca, então, preencher tais espaços com sua paixão pela síntese. Por meio da prodigiosa polifonia de suas leituras não busca senão a literatura, guiado pelo que chama de "a instância do diálogo e a chama da diferença". Refiro-me à literatura como totalidade.

Em *O sorriso do caos* não se evita, contudo, a aventura labiríntica. Trata-se de uma leitura lendo outras, da sagrada virtude das correspondências, em que – e o diz o próprio autor, embora referindo-se à obra do italiano Carlo Emilio Gadda – "toda aventura repousa no texto". Coletânea de artigos publicados em grande parte na imprensa carioca, pode-se dizer dela o que já salientam suas páginas acerca de um livro de Luís Costa Lima: que não oriunda de suas partes seu encanto e sim do "sistema que as configura".

Ardente defensor da identidade a partir da diferença, Marco Lucchesi (1963) propõe a leitura de dois princípios essenciais: a unidade e a pluralidade. Melhor: só se alcança a primeira graças ao banho *ao natural* da segunda. Por todo o livro nos fala de aspectos que confirmam tal visão. Ao escrever sobre Auden, destaca a "variedade temática de seus ensaios". Diz que Pasolini foi "o mais aguerrido defensor da diferença". Sobre uma exposição de Fernando Diniz comenta o "brilho secreto e fugaz da unidade". Em uma entrevista com Roger Garaudy reporta-se ao "radical elogio da diferença". Igual universo em expansão, a malha de exemplos.

Mesmo se nos detivermos nas particularidades dos artigos em si, não temos senão o descortinar fascinante de um tecido múltiplo, o ritmo com que deveria agir a cultura. Ou melhor: ação de determinados criadores – tecendo a diferença justo a partir da unidade – cuja obra vai ultrapassar o *front* de previsibilidade que se instalou em nossa contemporaneidade. Ardem as leituras de Lucchesi em sua urgência de realçar o que ele chama de "riscos plantados na Diferença". Ao escrever sobre Henri Michaux, Harold Bloom, Hermann Broch, Nise da Silveira, Umberto Eco e

Alfred Döblin, define uma rede de interligações entre esses autores. Trata-se de um "sistema de sistemas", como diz ao referir-se à visão de mundo de Gadda.

Flagrante a pluralidade – anárquico, busca a diferença na unidade e seu revés –, recai sobre a literatura italiana especial atenção, o que o leva a escrever sobre Gadda, Alberto Moravia, Mario Tobino, Leonardo Sciascia, Pasolini, Giorgio Manganelli e Umberto Eco. Sendo resíduos fascinantes que buscam definir a identidade a partir da diferença, serão válidos os comentários seguintes.

Caracteriza a obra de Emilio Gadda (1893-1973) o intenso jorro metafórico, proliferando a imagem por vertiginosos espasmos. Operam uma raivosa tensão entre o grotesco e o trágico, escritura furiosa que Lucchesi chama de "uma pluralidade de causas, quase um emaranhado". Alberto Moravia (1907-1990) abole as fronteiras entre o ensaio e o romance, rejeitando violentamente códigos que limitem a ambos. Sua obsessão por um sentido extremo de depuração crítica fez com que os traços narrativos praticamente desaparecessem de um livro como *La vita interiore* (1978). Diz Lucchesi que "a vida, segundo Moravia, é um perfeito caos, do qual se pode extrair apenas algum fragmento ordenado, e todavia misterioso".

Seguindo entre italianos: Mario Tobino (1922-1963) e Leonardo Sciascia (1921-1989). Morto prematuramente aos 41 anos, Tobino foi um médico que dialogou radicalmente com a loucura, dali extraindo um livro magnífico, que é *Le libere donne di Magliano* (1953) – talvez tenha faltado ao livro de Lucchesi uma avaliação acerca das relações entre o trabalho de Tobino e o da brasileira Nise da Silveira. Sciascia merece destaque por suas parábolas metafísicas. Contemporâneo de Calvino, sua obra entrava em choque com a ruinosa presença do neorrealismo nas letras italianas. Este resgatou a sugestibilidade da fábula e da alegoria fantástica, enquanto Sciascia, mesclando a narrativa à pesquisa histórica, deu-lhe inconfundível sabor.

Também nos fala Lucchesi de Pasolini e Giorgio Manganelli, ambos nascidos em 1922. De exaustiva discussão entre nós o cineasta e o mito Pasolini, perdemos o prodígio de seus textos para imprensa, reunidos em *Scritti corsari* (1975) e o póstumo *Lettere luterane*, publicado um ano depois de seu brutal assassinato. Nada sabemos também da fascinante estranheza de um livro como *Poesia in forma di rosa* (1964). Já o surrealista Manganelli, seu *humour noir* com que esfola viva a linguagem, cabendo aqui o que Lucchesi chama de uma "selva de ramificações", obsessão pela precisão, que trama uma estratégia labiríntica, em que cada passagem se multiplica em inúmeras outras.

Tais passagens meio que definem o livro, embora Lucchesi alcance uma dimensão mais profunda para seu exercício crítico, sempre um diálogo, jamais um julgamento. Ao escrever sobre alguns autores pertencentes ao mundo árabe, ressalta a "pluralidade fascinante" que constitui aquela literatura, posta em choque com uma cultura do previsível disseminada violentamente entre nós. Não é à toa que Lucchesi, ao dialogar com brasileiros, mostra-se atento à obra de Nise da Silveira, Fernando Diniz, César Leal e Foed Castro Chamma. Embora raras as substituições – melhor: equivalências –, poderíamos pensar em uma outra face da *destruição intencional* de um determinado patrimônio cultural: a falta de oportunidade.

Nada se esgota em si. O abismo sempre invocará ele próprio. O centro da diferença está em toda parte. Não se trata de uma condição irrevogável, e sim do pleno exercício de uma multiplicidade. Compreende Lucchesi que o ser encontra-se acima da ciência dele mesmo. Empenha-se em abrir portas. Sobre os romances policiais de Sciascia disse: "todas as pistas apontam novas e mais imbricadas realidades". Recordou que em Alfred Döblin "sua base é a enciclopédia", alertando, com Artaud, que a anarquia – e "o esforço para reduzir as coisas, reconduzindo-as à unidade" – é a grande chave para liquidarmos o culto ao *shopping center* instalado em nosso tempo, quando se reduz o pulso da atividade humana a um código de barras. Ou, no dizer de Cioran: "o derivado substitui em tudo o original, o essencial".

O sorriso do caos não faz senão sugerir algumas pistas para darmos em uma "pluralidade de causas" que nos vá recompondo, humanidade sem centro. Apenas a identidade, mas toda a identidade. Sugere, portanto, aquilo que Spinoza chamava de "pequenos modos da substância infinita", espaço-tempo onde se alcança fundamento naquilo que se nomeia. Em raros momentos na atualidade a crítica literária no Brasil lê-se tão carregada de sentido em si mesma.

Eva e os padres, de Georges Duby

Ao concluir *Eva e os padres* (Cia. das Letras, trad. Maria Lúcia Machado, 2001), o historiador Georges Duby observa acerca da resistência das damas do século XII – tema central do livro –, "adivinhando-as fortes, bem mais fortes do que imaginava, e por que não, felizes, tão fortes que os machos aplicam-se em enfraquecê-las pelas angústias do pecado". Tal condição apenas adivinhada encontra razão de ser no próprio mapeamento histórico do período, sobretudo se tomarmos em conta a reforma por que passava a Igreja, empenhada em impedir que os padres seguissem casando ou simplesmente vivendo com concubinas.

Coincidindo com o momento em que Pedro Abelardo se vê considerado herético pela escritura da *Teologia*, obra que sugere uma aplicação da análise lógica na compreensão da metafísica, o Concílio de Latrão, sob a regência do papa Calisto II, se realiza por três vezes, no século XII, restabelecendo severa disciplina para o corpo eclesiástico. O princípio dialético levado a termo por Abelardo logo seria desenvolvido por Graciano em *Decretum*, que tinha por subtítulo *A concordância de cânones discordantes*, espécie de carta jurídica que adotaria a Igreja, baseada na aproximação de afirmações contraditórias, visando uma ambiguidade de interpretação que fatalmente permitiria toda ordem de manipulação.

Temos no século XII um daqueles essenciais entroncamentos da história da humanidade, em que os poderes se reorganizam e redefinem normas e procedimentos. Se a Europa Ocidental então vivia o que se chamaria de renascimento do saber, é preciso entender que tal saber, mesmo que se realizasse no âmbito da medicina, da filosofia e das artes, em muito privilegiou o florescimento de uma teologia que acabaria encontrando na mulher a vítima ideal para os interesses de afirmação de uma nova ordem.

A primeira das considerações a serem feitas neste sentido diz respeito à recorrência, por parte da Igreja, à definição de pecado, tomando por base uma mescla de conceitos envolvendo homem/mulher, masculino/feminino, razão/emoção, dicotomias já de muito suspeitas, embora sempre funcionais quando se quer confundir para melhor governar. A adivinhada força da mulher, que menciona Duby, estava clara em textos da época que referem-se ao rigor feminino e à indulgência masculina quando se trata de aspectos ligados à sexualidade. Uma vez mais se observava a relação de interposição da mulher entre Deus e o homem, criador e criatura, interferência da ordem de uma outra dualidade: sagrado/profano.

Tais dobras existem e requerem discussão menos dogmática. Em todas as culturas encontramos relações entre forças complementares. A Igreja, no entanto, baseada no princípio (uma imagem consubstanciada) da Queda, nos persuadiu a todos de que não há relação de complementaridade sem a presença da submissão. Estabeleceu-se, então, que tal submissão recairia sobre a sexualidade (sensualidade, parte animal, o Diabo). A alusão indispensável à figura mítica de Eva condicionava a existência humana a três atos: criação, tentação e punição. A instituição do pecado tornava-se, assim, uma das mais sagazes invenções do homem, não resta dúvida, com sutilíssima aplicação até os dias de hoje.

O dualismo empregado pela Igreja no século XII estabelece uma relação direta entre criador e criatura, relação interferida ou desordenada pela presença da mulher. O homem seria o espírito; a mulher, a carne, cabendo uma relação de subordinação desta no tocante àquele. Tal maniqueísmo esteve no discurso dos principais teólogos do século e naturalmente Duby baseou-se em vários deles para escrever *Eva e os padres*.

Diz ele próprio: "No século XII, o Cristianismo não é mais tanto questão de rito, de observância, quanto de conduta, de moral. A expansão das práticas da penitência íntima torna mais urgente a pergunta: o que é o pecado?". Ao considerar o desejo como algo passível de castigo, fortalecendo a defesa de que a expulsão de Adão do paraíso foi provocada por um excesso de apetite de prazer, ainda hoje as relações de afeição se sentem prejudicadas pela ideia de submissão, assim como a condição de risco em relações políticas ou econômicas é evitada ou manipulada sob pena de se comprometer a própria integridade do que se busca.

Quem eram essas "sombras, vacilantes, inapreensíveis", que averigua Duby nas inúmeras leituras de documentos da época? O que definiria o adultério como uma inclinação da mulher? E como tantas esposas se mantiveram fiéis aos maridos ausentes durante as Cruzadas? E onde se lê que todos aqueles padres casados frequentavam um único leito? Em momento algum a razão se sentia atraída pela impudicícia? E as religiosas guardadas por Deus nos conventos acaso não cediam a pecaminosos desejos? Onde estão os documentos que se referem às relações homossexuais do período?

O que se dizia, então, era que a sexualidade encontrava-se na ponta de toda transgressão da lei divina. Mas não havia tal lei, e sim um conjunto de decretos que se impunha, com base em imagem fraudada da mitologia cristã. Mesmo quando a Igreja define uma nova condução apropriada para o casamento, não se vê aí senão uma solução melhor do que a fornicação sem rédeas. O casamento foi, assim, incluído como sétimo sacramento por uma estratégia de compreensão das forças de sujeição/dominação.

Eva e os padres possui uma espinha dorsal interessante. O livro se baseia em leituras de alguns documentos de época, expõe a condição de tratamento das mulheres em aspectos que se referem aos conceitos de pecado, queda e amor, a eles acrescentando a maneira como o corpo eclesiástico se dirigia a essas sombras raptadas, recorrendo aqui à metáfora utilizada por mim em um poema dedicado à condição feminina sob o jugo do cristianismo.

O francês Georges Duby (1919-1996) encontra-se vinculado ao movimento dos Annales, corrente de averiguação histórica criada em Paris, em 1929, por Marc Bloch e Lucien Febvre, em que viria a se destacar como uma das principais autoridades no conhecimento do Medievo.

Ao referir-se a ele, José Mattoso observou o respeito pela "hierarquia dos fenômenos históricos", bem como o reconhecimento do "efetivo significado, sem confundir regras com exceções, fatos e dados majoritários com outros minoritários, correntes dominantes com desvios, permanências com mutações".

Em entrevista a François Ewald (*Magazine Littéraire*, Paris, 1987), ele próprio situa a visão do referido movimento: "A história, segundo Bloch e Febvre, havia repelido a história fatual, a história militar e local; ela havia posto à parte os problemas do político. Eis que, após a travessia necessária de uma história que se debruçava sobre os movimentos profundos das estruturas, e sobre os choques mais bruscos da conjuntura, voltamos, depois de ter compreendido melhor o que eram a economia e a sociedade, a colocar os problemas da evolução política sob luz mais intensa".

O estudo tripartido da sociedade medieval – "os que rezam, os que guerreiam e os que trabalham" – permitiu uma compreensão mais nítida das correlações entre esses estamentos sociais, sobretudo se pensarmos, como recorda Peter Burke, em *A escola dos Annales* (UNESP, trad. Nilo Odalia, 1997), que tal concepção tripartida "foi uma arma nas mãos dos monarcas, que proclamavam concentrar em sua própria pessoa as três funções básicas". Burke salienta ainda que, para Duby, a ideologia não deveria ser vista como um "reflexo passivo da sociedade", mas antes como "um projeto para agir sobre ela".

Há uma citação chave em *Eva e os padres*: "Não é aventurar-se demais comparar a comoção das consciências determinadas pelo progresso da pregação à incidência da mídia de hoje". As alianças políticas, por exemplo, se fundam no mesmo princípio do matrimônio, ou seja, o de "extinguir as exaltações do desejo". Já não se trata de pura e simples dialética. Duby recorda um tratado da época que considerava três táticas: alcançar o amor, vivê-lo e livrar-se dele.

Então os violentos impulsos da carne estavam definidos por outra instância. Que as mulheres assumiam uma importância social tanto no resguardo de uma integridade matrimonial (no caso das esposas dos cruzados) quanto na assunção de novas maneiras de ser, nenhuma dúvida. A Igreja transformou em violência todas as afirmações ou descobertas de uma condição inaceitável. A mulher não estava mais condicionada pelo papel determinado pela Bíblia. O notório e alarmante paroxismo seria deflagrado nos séculos seguintes, quando da perseguição e dizimação das bruxas.

Em *O diabo – a máscara sem rosto* (Cia. das Letras, trad. Laura Teixeira Motta, 1998), o ensaísta Luther Link anota que "a mudança isolada mais importante do início do século XII foi a concentração de poder nas mãos do papa e do imperador", logo considerando que "ambos deixaram de lado as desavenças e se uniram para julgar e separar os povos da Europa em abençoados e condenados". Este é o momento exato em que se estabelecem normas de combate ao que essas duas forças determinam como sendo heresia. A carta de fundação seria o decreto *Ad abolendam*, assinado por ambos os poderes, na verdade um índice de hereges que deveriam ser buscados e condenados.

Menciono tais fatos pela razão simples de que o quarto concílio de Latrão já tratava de fortalecer as condições operantes da Inquisição, ou seja, em meio a todas as observações que Duby faz em torno da condição da mulher já se desenhava um dos mais violentos períodos da história da humanidade, comparável decerto ao extermínio de judeus no século XX.

Em outro momento, caberia observar como a cantoria da época descobriu uma maneira de dizer que a mulher caiu, mas que o fez com alguma honra. A arte quase sempre foi subjugada pelo poder ou, quando menos, compactuou com a situação. Os artistas seriam tão indicados quanto os clérigos para prestar depoimento aceitável acerca das mulheres. A história tem sido invariavelmente escrita por homens. Qualquer menção a uma perspectiva da mulher soa como blague. O homem segue sendo o feitor da história, e a mulher, sua vítima. O tema naturalmente deixa em aberto o que se poderia compreender em termos de um dualismo ainda hoje mal assimilado: masculino/feminino.

Duby conclui *Eva e os padres* com uma frase reveladora: "foram eles que as deixaram escapar". Mas não se refere à mulher em si, antes à metade amputada pelo castrador conceito da Queda. Ele próprio diz que procurou "perceber melhor a maneira pela qual os homens de Igreja representavam-se as mulheres". A representação se dava em nome de uma nova Igreja que se reformava. Talvez tenha faltado a Duby, neste livro, uma veemência no tocante à condição vilipendiosa da Igreja em relação à mulher. Não uma falha propriamente, mas antes uma confessa vontade de ouvi-lo a este respeito.

A tradição regionalista no romance brasileiro, de José Maurício Gomes de Almeida

Publicado originalmente no início dos anos 80, surge agora a 2ª edição de *A tradição regionalista no romance brasileiro 1857-1945* (Topbooks, Rio de Janeiro, 1999), de José Maurício Gomes de Almeida, em análise estética que, com elegância e pertinência, nos permite concluir desfavoravelmente em relação ao exagerado prestígio do estruturalismo como método expressivo de estudo do texto literário. E não se mostra tal conclusão apenas como investida contra a esterilidade gritante de uma linguística estrutural, mas antes como dedução natural de um percurso crítico que abrange uma sólida tradição, fundada e iniciada em José de Alencar e que vem até José Lins do Rego e Jorge Amado.

Logo no início de sua jornada, Maurício Gomes alerta haver assumido "posição francamente contrária a determinada tendência atual que, sob a alegação de fazer da crítica uma ciência, adota terminologia arrevesada, quando não de todo esotérica". Hoje podemos observar com clareza os prejuízos advindos desse esoterismo, seja nos libelos reféns de uma estética da recepção ou em um mais recente louvor ao estranhamento. Maurício Gomes bem recorda Machado de Assis, ao defender que "o modo eficaz de mostrar que se possui um processo científico, não é proclamá-lo a todos os instantes, mas aplicá-lo oportunamente".

Claro está que o cientificismo praticado no Brasil insere-se em uma conceituação excludente de aquisição de poder, qualquer que seja sua manifestação. Trata-se de um mesmo e criminoso princípio que alimenta a elite imperial ao longo de nossa história, que se esmera em desdobrar incontáveis parâmetros de incomunicabilidade. Assim, o exercício da crítica literária reflete uma conjuntura mais abrangente, cujas ramificações também atendem por outros nomes: do modelo econômico à retórica política.

Na contramão dessa afirmação distorcida de nossa cultura é que Maurício Gomes inscreve sua visão crítica da literatura brasileira, em particular representada pela tradição regionalista, não sem antes lembrar que sua abordagem verifica obras e não autores, ou seja, não se atém a classificar redutoramente a trajetória estilística de autor algum.

É interessante observar as confluências e contradições no tocante às relações entre o sertanismo de *Vidas Secas* (Graciliano Ramos) e *O sertanejo* (José de Alencar), o mesmo valendo para as peculiaridades entre a Guida de *Dona Guidinha do Poço* (Oliveira Paiva) e Luzia, de *Luzia-Homem* (Domingos Olímpio). Porém, há aqui uma ressalva a ser feita. O regionalismo, segundo a abordagem de Maurício Gomes, não deve ser visto como a outra face do cosmopolitismo. Não há valor intrínseco, absoluto, em quaisquer dessas duas maneiras de ver o mundo.

Sendo assim, as implicações sociológicas advindas da leitura de *Os sertões* (Euclides da Cunha) ou *Casa grande e Senzala* (Gilberto Freyre) não se inserem em uma mesma discussão estética que nos permite adentrar na paisagem humana de *Dona Guidinha do Poço* ou *Memorial de Maria Moura* (Rachel de Queiroz). São afirmações distintas de uma compreensão do caráter brasileiro.

Uma outra singularidade que o assunto propicia é a de que o Ceará representa um celeiro inestimável de inovações estéticas no que diz respeito a essa tradição romanesca. Como lembra Maurício Gomes, a origem da ficção regionalista encontramos no Romantismo, cujo "primeiro fruto evidente é o indianismo", e que encontra em *O Guarani* seu exemplo máximo. Este é um primeiro recorte que se contrapõe a uma equívoca filiação realista da crítica literária no Brasil, ou seja, a de que a arte não deve ser valorizada por um perfil antropológico.

Maurício Gomes chama a atenção para o fato de que se vai "a Alencar em busca de algo que absolutamente não estava em sua cogitação realizar". Sua idealização do indígena não corresponde, assim, a uma implicação de cunho realista. Antes, queria se contrapor a essa realidade que assumia um caráter corrosivo. O próprio José de Alencar esclarece, ao afirmar sua "consciência do perigo que representava a importação indiscriminada de cultura em um país jovem, que ainda não possuía um eu suficientemente formado". A ousadia de Alencar radica em haver criado "raízes míticas para a nacionalidade". E não o fez apenas circunscrito ao indianismo, logo indo abordar o sertanismo e o gauchismo, por exemplo.

Em um segundo capítulo, Maurício Gomes considera a polêmica de Franklin Távora com o autor de *O tronco do ipê*. O capítulo nos leva também à leitura de obras de Visconde de Taunay e Euclides da Cunha, abordando um aspecto interessante, o das epígrafes, claro rastro de identificação com uma dupla corrente europeia, que tinha em Zola e Flaubert seus dois pontos antagônicos por excelência. A notável curiosidade vem do fato de que o Brasil assimilou de forma compósita essas duas tendências, acasalando-se entre nós realismo e naturalismo.

O Ceará comparece com obras que percorrem caminhos tanto distintos quanto valiosos. Temos aí tanto o exemplo de uma abordagem documental em *A fome* (Rodolfo Teófilo), a audácia reveladora do submundo da homossexualidade em *Bom-Crioulo* (Adolfo Caminha), mas sobretudo a totalidade inovadora, do ponto de vista estético, que constitui *Dona Guidinha do Poço*.

Oliveira Paiva é um desbravador estético, um inovador, por inúmeros motivos, desde sua recusa a um padrão naturalista, até peculiaridades estilísticas, seja o "emprego expressivo do discurso indireto livre" e a constituição aguerrida de uma personagem feminina. Entre esses detalhes, Maurício Gomes recorda "a fusão de espaço, ação e personagem", que em certas passagens de *Dona Guidinha do Poço* "atinge um nível de acabamento raras vezes alcançado no romance brasileiro, regionalista ou não".

A importância que desempenha o autor cearense na abordagem crítica levada a termo por Maurício Gomes nos faz compreender muitos aspectos do desdobramento da ficção no Brasil. Nisto seu livro é também um documento valioso, em que são questionadas posições solidificadas. Entre elas, a discordância com Wilson Martins no tocante a sua tentativa de "reduzir *Luzia-Homem* a uma narrativa romântica". Para Maurício Gomes, é preciso levar em questão sempre o hibridismo estético que caracteriza a ficção brasileira.

Neste sentido, o livro segue ainda em abordagens de romances de Rachel de Queiroz, José Lins do Rego, Jorge Amado e Graciliano Ramos, entre outros, não sem frisar que livros como *O Quinze*, *Menino de engenho*, *Terras do sem fim*, *Vidas secas*, não constituem uma demarcação estilística de seus autores, mas antes uma inestimável contribuição à tradição regionalista no Brasil.

Dentro do espírito que propôs à sua investigação, conclui afirmando que "a parte realmente ponderável do romance regionalista brasileiro é de extração rural", lembrando ainda que "o regionalismo urbano tem pequena expressão e tende a confundir-se com a narrativa de costumes, obedecendo a padrões mais ou menos estáveis, que pouco dependem do centro retratado".

Sobre o Autor

Floriano Martins (Fortaleza, 1957). Poeta, editor, ensaísta e tradutor. Tem se dedicado, em particular, ao estudo da literatura hispano-americana, sobretudo no que diz respeito à poesia. Foi editor do jornal *Resto do Mundo* (1988/89) e da revista *Xilo* (1999). Em janeiro de 2001, a convite de Soares Feitosa, criou o projeto *Banda Hispânica*, banco de dados permanente sobre poesia de língua espanhola, de circulação virtual, integrado ao *Jornal de Poesia*. Críticas sobre sua obra, assim como entrevistas com o poeta, têm sido publicadas no Brasil e no exterior.

Igualmente extensa tem sido sua trajetória de colaboração à imprensa, por meio de artigos sobre música, artes plásticas e literatura. Organizou algumas mostras especiais dedicadas à literatura brasileira para revistas em países hispano-americanos: *Narradores y poetas de Brasil* (Blanco Móvil, México, 1998), *La poesía brasileña bajo el espejo de la contemporaneidad* (Alforja, México, 2001), *Poesía brasileña* (Poesía, Venezuela, 2006) e *Letras del Brasil* (El Búho, Ecuador, 2007). Também organizou a mostra *Poesia peruana no século XX* (Poesia Sempre, Brasil, 2008), tendo sido também corresponsável pelas edições especiais *Poetas y narradores portugueses* (Blanco Móvil, México, 2003), *Surrealismo* (Atalaia Intermundos, Lisboa, 2003) e *Poetas y prosadores venezolanos* (Blanco Móvil, México, 2006).

Em maio de 2000, realizou o espetáculo "Altares do Caos" (leitura dramática acompanhada de música e dança), no Museu de Arte Contemporânea do Panamá. Um ano antes também havia realizado uma leitura dramática de "William Burroughs: a montagem" (colagem de textos com música incidental), na Biblioteca Mário de Andrade, em São Paulo; e posteriormente a mostra "Teatro Impossível", reunindo leitura de poemas, canções, colagens e fotografias (Centro Cultural Banco do Nordeste, Fortaleza, 2006). Esteve presente em festivais de poesia realizados no Chile, Colômbia, Costa Rica, República Dominicana, El Salvador, Espanha, México e Venezuela.

Dentre seus livros de poesia mais recentes, encontram-se *Tres estudios para un amor loco* (trad. Marta Spagnuolo. Alforja Arte y Literatura A.C. México, 2006), *Duas mentiras* (Projeto Dulcineia Catadora. São Paulo, 2008), e *Teatro Imposible* (trad. Marta Spagnuolo. Fundación Editorial El Perro y la Rana. Venezuela, 2008) e *A alma desfeita em corpo* (Apenas Livros Ltda., Portugal, 2009). Juntamente com Lucila Nogueira, organizou e traduziu o volume *Mundo mágico: Colômbia* (Poesia colombiana no século XX) (Edições Bagaço. Pernambuco, 2007), também sendo autor de *Un nuevo continente (Antología del surrealismo en la poesía de nuestra América)* (Monte Ávila Editores. Venezuela, 2008).

Para a Escrituras Editora, dentro de sua coleção Ponte Velha, organizou livros dos seguintes autores: Ana Hatherly, António Barahona, Armando Silva Carvalho,

Carlos Garcia de Castro, Cruzeiro Seixas, Fernando Alves dos Santos, Fernando Echevarría, Isabel Meyrelles, João Barrento, José do Carmo Francisco, José Luiz Tavares, Luís Carlos Patraquim, Luiz Pacheco, Luiza Neto Jorge, Maria Estela Guedes, Maria Tereza Horta, Nicolau Saião e Saul Dias.

Curador da Bienal Internacional do Livro do Ceará (2008). Juntamente com Claudio Willer, dirige a revista *Agulha* (www.revista.agulha.nom.br) – Prêmio Antonio Bento (difusão das artes visuais na mídia) da ABCA/2007.

Coleção Ensaios Transversais

Títulos publicados

1 Cidadania e Educação
Nílson José Machado

2 Cérebros e Computadores
A complementaridade analógico-digital na informática e na educação
Robinson Moreira Tenório

3 Matemática e Música
O pensamento analógico na construção de significados
Oscar João Abdounur

4 Jung e a Educação
Uma análise da relação professor/aluno
Cláudio Saiani

5 Educação: Projetos e Valores
Nílson José Machado

6 Caderno de Fogo
Ensaios sobre Poesia e Ficção
Carlos Nejar

7 Feminino + Masculino
Uma nova coreografia para a eterna dança das polaridades
Monika von Koss

8 Borges
O mesmo e o outro
Álvaro Alves de Faria

9 Família e Doença Mental
Repensando a relação entre profissionais de saúde e familiares
Jonas Melman

10 Meios Eletrônicos e Educação
Uma visão alternativa
Valdemar W. Setzer

11 Martí e a Psicologia
O poeta e a unidade cognição/afeto
Diego Jorge González Serra

12 Servidão Ambígua
Valores e condição do magistério
Gilson R. de M. Pereira

13 O Começo da Busca
O Surrealismo na poesia da América Latina
Floriano Martins

14 A Sociedade dos Chavões
Presença e função do lugar-comum na comunicação
Claudio Tognolli

15 O Desconcerto do Mundo
do Renascimento ao Surrealismo
Carlos Felipe Moisés

16 Ética e Jornalismo
Uma cartografia dos valores
Mayra Rodrigues Gomes

17 Da Religiosidade
A literatura e o senso de realidade
Vilém Flusser

18 Jornalismo e Literatura
A sedução da palavra
Gustavo de Castro e Alex Galeno (organizadores)

19 Patativa do Assaré
A trajetória de um canto
Luiz Tadeu Feitosa

20 Angústia da Concisão
Ensaios de filosofia e crítica literária
Abrahão Costa Andrade

21 A Falácia Genética
A ideologia do DNA na imprensa
Claudio Tognolli

22 A Fé como fenômeno psicológico
Josias Pereira

23 Linguagem, Conhecimento, Ação
*Nílson J. Machado e Marisa O. Cunha
(organizadores)*

24 Psicologia Social
Desdobramentos e aplicações
*Maria de Fátima de Sena e Silva
e Cássio Adriano Braz de Aquino
(organizadores)*

25 As Revoluções Culturais
Péricles Prade

26 Jornalismo e Filosofia da Comunicação
Mayra Rodrigues Gomes

27 Rubra Força
Fluxos do poder feminino
Monika von Koss

28 O Valor do Conhecimento Tácito
A epistemologia de Michael Polanyi
na escola
Cláudio Saiani

29 A Escola como Sistema Complexo
A ação, o poder e o sagrado
Ricardo Tescarolo

30 Sortilégios do avesso
Razão e loucura na literatura brasileira
Luzia de Maria

31 Epistemologia e didática da
matemática
Bruno D'Amore

32 Cotidiano e invenção
Os espaços de Michel de Certeau
Fabio B. Josgrilberg

33 Fernando Pessoa: almoxarifado
de mitos
Carlos Felipe Moisés

34 Musicalizando a escola: música,
conhecimento e educação
*Carlos Eduardo de Souza
Campos Granja*

35 Poesia & utopia
Sobre a função social da poesia e do
poeta
Carlos Felipe Moisés

36 A arte como encantaria da linguagem
João de Jesus Paes Loureiro

37 Educação: competência e qualidade
Nílson José Machado

38 A inocência de pensar
Floriano Martins